视觉中国供图

我爱北京天安门

——我和天安门的故事

《老照片》编辑部 编

山东画报出版社

序

天安门是新中国最重要的标志性建筑，是亿万国人留影的圣地，几乎每个家庭都藏有在天安门前拍摄的个人照或者全家福，而每幅照片的背后都会有一个鲜活的故事。这些平凡而琐碎的往事，正是最切近百姓生活的故事，最能见证共和国七十年的点点滴滴。

2009年《老照片》入选“共和国60年60本书”时，其评语说道：“十余年来，不断出版的《老照片》以朴素而温情的独特方式定格历史，使我们得以在过去朦胧的霞光中，重新想象遥远的过去，重新认识和反思切身的社会生活。”《老照片》编辑部编辑出版这本书，就是以朴素而温情的方式，记录平民百姓个人或家庭记忆的理念的体现。而这，正契合了堪称创造了共和国书业奇迹的，出版了二十三年而不衰的《老照片》的出版宗旨——定格历史，收藏记忆，关注百多年来人类的生存与发展。共和国建立七十年之际，我们有义务记录下百姓的故事，留存住一份份真挚的情感。

随着共和国的诞生，天安门成为人们心目中最神圣的地方。郭志明说：“我每次调离北京或是从外地回到北京，几乎都要特意赶到北京天安门前照张纪念照。我觉得天安门是最为神圣的地方。”刘仁波说：“很小的时候就有一个梦想，那就是有朝一日一定要去瞻仰一下北京天安门。”天安门是共和国几代人魂牵梦绕的地方，而在这里也留下了很多家庭的温情一刻。丁春林讲述了他与妻子相隔三十年在天安门合影，以纪念“珍珠婚”，他说：“天安门依旧，我们虽然两鬓斑白，但是，爱之心却从未改变！”孙祺然回忆了他和家人与天安门的往事，其中 1970 年他和姐姐、弟弟拍了一张有天安门布景的照片，2013 年姐弟三人拿着这张老照片在天安门前拍了一张照片，“成为一道风景，瞬间凝聚幸福时刻”。这些朴实无华、略显刻板的照片，或许并没有多大的艺术价值，但这才是老百姓真实的生活，是人们与祖国亲密无间的最好注解。

工人、大学生、农民、士兵、干部、教师、医生、运动员、外国人……每个人与天安门都有一段特别的故事，每个人在每个时代也都有不同的经历。记录下这些故事和经历，共同为共和国成立七十周年献上朴素而温情的祝福！

目　录

开国大典前的合影

杨振亚

1949 年 1 月，组织上派我到北平，想让我接收一个印刷厂，到时候印画报，结果没有弄成。走到黄村天黑了，我想住一夜再走，突然发现了国民党的部队，吓我一跳，幸亏我穿的是便装，要不然即使不把我杀掉，也要抓起来。那段时间路上的国民党很多，他们正在撤离北平。2 月 1 日，我以华北军区画报社摄影记者的身份再次来到北平，住在东交民巷原来的日本领事馆。2 月 3 日那天，我参加了入城仪式的拍摄。拍完入城仪式后，组织成立了第一届政协会议摄影科，科长是吴群，科员有我、林杨、孟昭瑞，还有从北平电影厂照相科抽调过来的侯波和东北画报社的陈正青。政协会议结束后，我又准备拍摄开国大典。

1949 年 9 月 30 日下午，我和孟昭瑞、林杨、吴群一起去天安门广场看场地，准备第二天的拍摄工作。看完场地之后，孟昭瑞给我们三个人拍了这张纪念照。第二天拍摄开国大典的时候，我和陈正青、侯波三个人的任务是在天安门城楼

图 1　左起：吴群、林杨和杨振亚。孟昭瑞摄于 1949 年 9 月 30 日。

图 2　杨振亚。黑明摄于 2009 年。

上负责拍摄领导人讲话；林杨在受检阅的飞机上拍摄空军编队的飞机，不是拍地面；吴群和孟昭瑞负责广场上受阅部队和群众的拍摄。那时我和吴群、林杨、孟昭瑞都是华北军区《华北画报》的摄影记者，当时的华北军区就是后来的北京军区。

当时我用的是一台折叠的蔡司 120 和一台徕卡 135 照相机，好像都是打仗缴获的。一共拍了三个胶卷，其中两个 120，一个 135。那时敌占区卖的日本货比较多，我们用的都是富士胶卷。

拍完之后，1950 年总政在《华北画报》的基础上成立了解放军画报社，同年底，我作为解放军画报社派出的首批记者，前往朝鲜战场采访。1951 年我被调回华北军区，筹备重新成立华北画报社，任命我为副社长。后来我又被调到《战友》杂志当副总编。1952 年，总政成立八一电影制片厂，我成为电影摄影训练班的班主任，并且担任纪录片导演，拍摄了多部军教片和纪录片。1976 年以后，我担任了军教片室的主任，军教片室之前拍过很多有名的电影，包括《地道战》和《地雷战》都是。我在八一厂一直干到 1988 年离休。

（本文节选自黑明《公民记忆：1949—2009》）

父亲和共青团村农业合作社

孙相俐

看着父亲在天安门的老照片（图 3），就会想起黑龙江省海伦市共青团村名字的由来，那有着一段值得人们追忆和怀念的光荣历史。这幅老照片客观上反映了东北广大农民积极响应上级号召，在自愿的基础上，掀起了一个从个体走向集体的农业合作化生产高潮的往事。

我的父亲孙显忠出生在黑龙江省海伦县小窝堡村，没念过书，小时候给人家放猪，长到十四五岁，就跟大人一起下地干活，非常勤奋，特别招人喜欢。我太祖母视我父亲如掌上明珠，而祖母也常说他将来一定有出息。父亲没有辜负重望，积极参加上山伐木、开荒、搞农田建设，下决心要改变家乡面貌。1948 年加入青年团，后担任村团支部书记。

1949 年春，父亲动员六名团员首先参加互助组，他任组长。在父亲的带领下，他们在生产中踏实肯干，战胜了生产中的各项困难，挖了二里多的排水

图 1　1953 年，《黑龙江日报》报道海伦孙显忠带领青年农民成立农业生产合作社。图为挖沟引水的劳动场景。

沟，获得了粮食的丰收，组员收入不断增多，很快就超过了全村个体户的收入和粮食产量。互助合作在播种、施肥、整地、种地、铲趟、收割等方面，都体现了集体的力量。

互助合作组刚成立时，成员到铲趟时都怕自己的田荒了，因此都争着抢着先铲趟自家的地。于是，父亲做表率，先铲趟集体的地，最后铲趟自己家的地。组员深受教育，因之也非常尊重他。第一年秋收时，有两户组员为自己打算，认为他们入组时带有马和车，应该先把自家的庄稼拉回家，而其他三户组员入组时没马没车，就急着找我父亲。父亲把全体组员聚拢在一起开会，耐心地说服组员，要求大家先帮困难户，并做出表率，最后拉我们家的庄稼。组员们都很感动，因而第一年全组庄稼都很快拉到家，获得了好收成。互助组收成好，吸引了那些缺少劳力、畜力和种子的家庭以及老弱病残的农民，使他们看到只有走互助合作组的道路才是出路。1951 年，互助组由六户发展到二十多户。到 1952 年，互助组已连续三年战胜自然灾害，年年都获得了大丰收。其间，父亲还建立起全县第一个以十一名团员为骨干的常年互助组。

1953 年春，在互助组的基础上父亲又建立了以青年为主体的初级农业生产合作社，即孙显忠农业生产合作社，父亲任主任。这一年，合作社战胜涝灾，取得了大丰收。父亲被授予“黑龙江特等劳动模范”称号。

1955 年，父亲被评为“全国建设社会主义积极分子”，光荣地出席了在北京召开的第一届全国青年社会主义建设积极分子代表大会，并幸福地见到了毛泽东主席和其他党和国家领导人。

1956 年 6 月，人和村孙显忠农业生产合作社被青年团中央命名为“共青团农业生产合作社”，如今的共青团村由此而来。次年，父亲去北京开会，并参加了人民大会堂半天的建设，后在天安门前佩戴奖章留影纪念（图 2）。

1958 年，共青团大队向国家交售商品粮 457 万斤，是全县农村交售商品粮最多的大队，得到了国务院总理周恩来签发的奖状，至今仍然挂在村委办公室的墙壁上。记得省里的报社记者来到家里，拍摄了父亲高兴地数着分红款的照片。

共青团大队有 12 个生产队，8 个自然屯，即张国宝、高罗锅、阎小窝堡、大倒把、双合、鞠家店、冯家店、李大房子，东西 18 里多，南北 10 里多，距海伦县城 45 里，全大队占地面积 2.5 万亩，其中耕地面积 2.2 万余亩，林地面积 1000 多亩，村屯面积 800 多亩，道路面积 300 亩。屯与屯的距离都很远，父亲每天都要跑上几十里路，非常辛苦。父亲当干部期间，把全大队的老百姓都当成知己，有不懂的地方，就向身边懂农业技术的人请教，直到学会、弄懂为止。父亲不识字，但他能苦学，学到能念下来，不过写就很困难了。他每天起早贪黑，废寝忘食，工作在大队和小队里。在我小的时候，很少能见到他，他早晨走得很早，晚间很晚才能回来。有时太晚了，就不回来了，多数都住在老邓太太家，因为老邓太太是五保户。像这样的人家，每个屯都有，父亲尤其关心那些缺少劳动力的家庭和老弱病残。他们有时没钱了，我父亲就拿自己的钱给他们。每个屯有生病的人不能干活时，他就亲自联系医院，钱不够他给垫

图 2　1957 年孙显忠被评为劳动模范。此为参加人民大会堂建设时在天安门留影。

图 3　2001 年 10 月，父亲佩戴功勋章在天安门广场留影。

上，而且有时也不再让他们还了。这样的例子太多了，不胜枚举。

父亲坚持原则，实事求是，尤其坚守群众原则。父亲抵制过高指标，被罢过官，撤过职，也靠边站过，但是多数群众还是拥护他、支持他、保护他。父亲从来没有低过头，几十年的风风雨雨，锤炼了他，铸造了他。他率领全村的老百姓积极投身农村经济建设，使一个贫穷落后的小村变成了全省闻名的产粮大村。

1986 年，父亲退休，此时他已经是六十多岁的老人了，可他仍不甘心在家里待下去，便找到县里的扶贫办，申请上山伐木头，经同意后，便带领一帮农村困难户到山里采伐木材。他和大家一起吃住在山里，那时山里的条件很差，可他不怕苦、不怕累，仍然坚持干活。在他六十六岁时，省人大在庆安用新方法加工水稻，引进了新的设备，请他再次出山去打理这项工作，他毫不迟疑，又带上几个人并很快投入工作，坚持在第一线，起早贪黑地和员工一起干。领导信任他，因为他是一个无私的好老头，工作认认真真，一丝不苟，谁都对他的工作放心；工作需要他，因为他乐于助人，热心帮助有困难的员工。就这样他工作了一生，奉献了一生。2001 年 10 月，父亲到北京看望老朋友，在天安门广场留下照片（图 3）。

1954 年：天安门前的家庭合影

李亚江

这是一张五十多年前拍摄的照片，从这张老照片上可以看到新中国建立初期的北京天安门和金水桥。

我的父亲和母亲都是参加过抗美援朝的志愿军老战士。父亲当时在志愿军第十九兵团一九三师任团政委，母亲在军直属队做文秘工作。从 1951 年 2 月抗美援朝出国参战至 1953 年 10 月朝鲜战争停战回国，他们在朝鲜前线战斗和生活了两年零九个月，他们和许许多多的志愿军指战员一样，亲历了那场血与火的战争。他们是那场战争的幸存者，而他们的许多战友却长眠在异国的土地上。

这张照片摄于 1954 年初春时节，背景是北京天安门和金水桥。父母从朝鲜战场回来后，最先想到的就是把我的奶奶接到北京，和奶奶、儿子一起在天安门前留个影。奶奶还裹着小脚；男孩子是我的哥哥边疆，1950 年 8 月出生

天安门前的一家人。摄于 1954 年春。

于宁夏银川，父母的部队从宁夏开赴朝鲜之后，只有六个月大的边疆被托付给当地老乡寄养，后来被部队送到六十五军留守处托儿所。当父母从朝鲜前线归来时，边疆已经快四岁了。拍摄这张照片时，我还在母亲的肚子里。从朝鲜回国后，母亲在解放军第十九兵团军干校任文化教员。

父亲所在的六十五军一九三师五七七团从朝鲜回国后驻防在北京附近的新保安（后来又移驻沙城）。1953 年秋末，父亲调到一九三师任政治部副主任，全家搬到了师部所在地宣化。由于进入了和平时期，部队也相对稳定了许多。屈指算来，父亲从 1937 年起，南征北战已经十六个年头了，进入和平生活自然有一种从未有过的轻松。父母把奶奶接到部队一起居住，至此才有了一家人的团聚。

军营中长大的孩子受群体生活影响，比较活泼开朗。但父亲是个职业军人，对我家兄妹五个（三男两女，我排行第二）总是一脸严肃，一副上级对待下级的样子。所以我们在父亲面前总感到很拘谨，不敢乱说乱动。我的印象中父亲很少回家，总是在“机关”里忙于各种工作。我们兄妹的童年时光几乎都是在幼儿园和学校里度过的，每两周回一次家，自理能力和独立性很强，不像现在城市里生活的孩子们，总是过于依赖父母。

记得那时军营围墙外的野地是一片很开阔的训练场，不断有战士们在这里进行“实战”训练。我们一些小孩子经常坐在训练场旁边，看战士们实弹射击、翻越障碍、钻铁丝网、拼刺刀。等到训练的战士们一走，我们也学着战士们的动作跟着练，以至于衣服经常被铁丝网刮破。新衣服穿上没几天就刮烂了，由此没少挨家长的揍。

在孩子们的心目中，打仗就跟“游戏”一样。当有叔叔阿姨问道：“你将来长大了干什么？”男孩子几乎无一例外地回答：“当解放军，打美国鬼子！”

当年的军营报栏上，贴满抗美援朝志愿军英模的照片和事迹介绍。人们最崇敬的就是朝鲜战场上的英雄。随着年龄的增长，我对战争残酷性的认识越来越深刻。战场上的激烈拼杀绝非“游戏”，战争是对人性、人的意志品质、能力和指挥才能的最严峻的考验。在战争中，并不是人人都能当英雄的，残酷的战场上最常见到的是忍饥挨饿、流血和牺牲。

这张六十多年前的老照片，客观地反映了当时的天安门风貌。从照片上看，天安门前的金水桥上游人很少，反映出建国初期正是用人之时，没有多少“闲人”，当然这与当时的人们收入不高，还没有“旅游”的概念有关。总之，和今日天安门前的景象形成了鲜明的对比。

（本文选自《老照片》第七十六辑）

大一新生的天安门合影

陈高华

1955年夏天，我从上海新沪中学毕业，参加高考，被北京大学历史系录取。当时学生经济困难者居多，而且京沪之间交通只能依靠火车。北京各高校都组织新生，集体北上。9月初，考上北京大学的学生编成大队、中队、小队，一起乘车前往。这一列专车是临时加开的，因要不断避让其他车辆，所以时间很长，要二十多个钟头才到。好在我们都年轻，充满了对未来大学生活的憧憬，谈谈说说，忘记了长途旅行的疲劳，不知不觉就到了北京。

当时北京站还在前门，北大专门派车把新生接到学校。这一年的毕业生还没有离校，只好安排一部分新生（男生）住在小饭厅。北大有大、小两个相邻的饭厅，在小饭厅临时安放床铺，住了几百个新生。没有几天，发生了一件想不到的事情。一位新生不慎从上铺掉下来。事后听说他也是新沪中学的毕业生，因为不同班，考取的不是一个专业，所以不熟悉。从此，大学学生的木床上铺

1955 年 10 月 2 日，作者（右一）
与中学同学在天安门前留影。

都钉上了挡板。

北大历史系55届新生有110人左右，分成三班，每班30余人。历史系有历史、考古两个专业，一、二班为历史专业，三班是考古专业。我分在二班。这一届学生多数是当年的中学毕业生，也有一部分调干生，年龄相差较大。同学来自四面八方，还有一些来自社会主义阵营国家的留学生，二班就有罗马尼亚、波兰和朝鲜的留学生。

到校后没有几天，就是十一国庆节。第一次到天安门参加游行，我们这些来自外地的新生都很兴奋。黎明三点起床集合，一起走到清华园车站乘火车，在西直门下车，到附近一所小学休息。然后参加游行，再由原路返校。

国庆的第二天，我们三个中学同班同学约定一起去向往已久的天安门，并拍照留念，从左到右依次是顾德融、吴亚儒、我。顾德融和我一起考上北大历史系，都在二班。他毕业后一度在北大工作，后回到无锡江南大学，任历史系教授，已退休。吴亚儒毕业后在武汉工作，后失去联系。

（本文节选自《老照片》第一一一辑，有删改）

热爱体育运动的父辈

姜增胜

我父亲姜世福共弟兄七人，早在1945年大连被苏联红军解放时，大伯父、父亲和六叔便相继到当时的大连船渠（现大连造船厂）工作。这个厂一直有开展群众性体育运动的传统，加上当时我家住在大连体育场附近，受这些条件的影响，父亲迷上了自行车运动，并取得了一定成绩。图1为在20世纪40年代末，父亲参加单位运动会获奖时的照片。图2为父亲在20世纪50年代初参加大连市（当时叫旅大市）工人运动会获奖时的照片。由于在自行车运动中的成绩较为突出，1955年父亲代表当时的第一机械工业部，参加了第一届全国工人运动会。图3为父亲和队友参加工人运动会时，在天安门前的合影。

受父亲的影响，四叔也热爱上了自行车运动，并取得了一定的成绩，曾代表当时的轻工业部参加第一届全国工人运动会。我曾在第一届全国工人运动会的秩序册上查到了父亲和四叔的名字。

图 1　父亲参加单位运动会领奖时留影。

参加全国工人运动会，对父亲的一生影响很大。父亲牢牢记住了运动会结束的庆功宴上，当时的国家体委主任贺龙元帅说过的话：作为一名体育运动员，要坚持做到不吸烟、不喝酒。从此父亲真做到了不吸烟，不喝酒。这一习惯一直伴随他终生。也正因为参加了全国工人运动会，父亲被抽调为辽宁省自行车男队队员兼女队教练，1959 年的一天，父亲在参加一项比赛时，不慎摔倒在地，左下肢皮破血流，做了紧急处置。一些女队员盯着他的伤腿，露出了胆怯的眼神。为了鼓舞女队员的信心，父亲咬着牙，带伤参加下一个项目的比赛，冲到终点后，父亲口吐鲜血，一头从自行车上栽了下来。从此，父亲患上了左下肢深度静脉炎，不得不离开了他心爱的自行车运动，也从此留下了病根。先是病变为下肢栓塞，又造成肺栓塞，最后形成门静脉血栓，六十三岁时就去世了。

在父亲的影响下，七叔也热爱上了自行车运动。弟兄三人中，七叔取得的成绩最好。1965 年，七叔曾出国参加比赛，和队友们获得了 100 公里公路自行车接力赛的冠军，并打破了该赛会的纪录。回国之后，七叔用获得的奖金，请父亲，并带着我到位于大连秋林公司屋顶阳台上的西餐厅吃饭。吃的什么都忘记了，可周围的环境给我留下了深刻的印象：四周摆放着鲜花，晚风送来阵阵花香，不时传来悦耳的琴声，那种氛围令人心情愉悦。我非常珍惜那顿西餐。

图 2　父亲参加大连市工人运动会与获奖者合影。

图 3　父亲和队友在天安门前留影。

尽管由于各种原因,我的父辈三兄弟都早早离开了自己钟爱的自行车运动,但这项运动不仅带给他们快乐，还使他们练就了一副好身板。除了我父亲因伤过早去世外，四叔已八十多岁了，有时还骑自行车上街呢；七叔也已年过七十了，除了高血压和尾骨因骑自行车受过伤外，再没有其他疾病。

作为晚辈，和几位叔父聚在一起，听他们畅谈从事自行车运动的一些趣闻，也真是一种乐趣。

（本文节选自《老照片》第五十七辑）

1956年：新西兰摄影师哈金斯和他拍摄的北京

约翰·特纳

1956年，新西兰摄影师汤姆·哈金斯（Tom Hutchins）作为一名自由职业者，因承担一项工作任务而前往中国，由此获得了一个难得的机会记录了当时的中国。回到新西兰后，汤姆想把他的作品结集出版为一本摄影书，但是没有成功。后来他就把这次旅行渐渐淡忘了。哈金斯把他的大部分摄影作品收藏在自己的房子地下室里，在随后几十年里几乎从不向人提起他的这次中国之旅。

1921年，汤姆·哈金斯出生于澳大利亚悉尼，他是一个码头工人的长子，他的父亲于1923年偕家人迁居奥克兰。汤姆就读于奥克兰文法学校（Auckland Grammar School），本应毕业后做小学教师，但是他只教了一年书。受到当时的纪录片风格以及《图画邮报》和《生活》杂志的摄影报道的启发，年轻的汤姆作为一名摄影师于1941年底加盟《新西兰先驱报》。

他决心成为一名摄影记者，因此就读奥克兰大学并获得了新闻学文凭。在

图 1　一队少先队员正列队走过天安门。

图 2　北京第五中学屋顶上的中学生们。摄于 1956 年 6 月 14 日。

以摄影记者的身份为克莱斯特彻奇市（Christchurch）的格林和哈恩公司（Green and Hahn）工作期间，他的摄影作品首次被美国《生活》杂志采用。在为《新西兰先驱报》工作一段时间后，汤姆转投《奥克兰明星报》，该报当时正处于其最辉煌的时期，是新西兰当时报业的翘楚，以专题摄影而知名。1952年至1956年间他是该报的首席摄影师。他报道了1953年至1954年英国王室在新西兰和太平洋的巡游活动。

他作为一名社会主义者的关怀，以及他对经典纪录片和新闻摄影作品的知识，都在他于1955年创作的反映奥克兰毛利人恶劣住房条件的摄影报道中得到体现。该作品在议会中引起了激烈争论，并且编辑部施加压力要求他不要再报道政治敏感议题。这一时期，汤姆加盟黑星图片社（the Black Star picture agency），并且定期向《生活》杂志投稿。

1956年，汤姆离开《奥克兰明星报》，着手他梦想的中国摄影之旅。当时美国政府禁止美国摄影师前往中国，因此他是当时少有的被允许进入中华人民共和国的若干西方摄影记者之一。在四个月（1956年6月至10月）的时间里，汤姆到访了中国的广大地区，包括南方的广州和上海，以及北方的北京、沈阳、鞍山和长春。他还前往西安和武汉旅行，并穿越戈壁沙漠到达西部边陲的乌鲁木齐。

这些照片显示出，1956年的中国人正在享受着平静和幸福的生活。在汤

图 3　北京王府井百货商店买相机的男子。摄于 1956 年 6 月 19 日。哈金斯解释说，这位男子买的相机可能是捷克斯洛伐克生产的美普塔·弗雷克萨雷特双反相机。

姆·哈金斯作为摄影记者的职业生涯里拍摄的所有作品中，他于1956年在中国的四个月间所拍摄的照片无论在广度和深度上都显得无与伦比。回首来看，这是他一生中最雄心勃勃的摄影工作，当时他三十四岁，恰逢自己事业的最高峰。

（本文节选自《老照片》第一二三辑，有删减，图1由本文作者提供）

我的大一生活

徐化扬

1956年，我十七岁，考进了北京邮电学院，分在无线电系W09班。

课程表是让我们惊叹不已：上午四节课排得满满的，下午五节课，除少量的习题课和实验课而外，几乎全是自习课、课外活动和自由活动。二年级学长指着“自由活动”四字对我们说：你们赶上好时候了，这是老教授们与高教部交锋的结果，要给大学生更多的自由活动时间。而他们55级入学的那张课程表上，压根就不许有这四个字。

开学前的一些活动，至今记忆犹新。我们系的全称是“无线电通讯工程系”，我的专业是“通讯与广播电视”。系主任就是中科院资深院士、被誉为中国宽带网之父的叶培大先生。叶先生借一间小餐厅，给我们先到的几十位新生讲话，漫谈世界无线电发展概况。前几年，我听到一位八〇后学弟抱怨：他报考北京邮电大学，完全是冲着叶培大院士的，可四年学业都要结束了，他只在一次开

图 1　1957 年春节拍摄于天安门前。在写给弟妹们的信中，我特别叮嘱道：这可真是在天安门照的啊，不是照相馆里的布景，你瞧我身后还有那些游人呐！

图 2　我们无线电系 W09 班全体同学合影（似乎还缺少二三人）。摄于 1957 年初夏，背景是校门外元大都土城。元大都土城今尚在，已开辟为绿化带。

学典礼上，远眺过叶先生一面。

当年，我国还没有电视台。其时，日本的一个商品展览会在北京举办，带来一部小功率电视发射机，架设在西直门城楼上，有效范围几公里。学院里把教研室的电视机（苏联产品）搬进大教室，让大家看电视节目。开播之前，接收教研室的陈炳南先生给大家介绍电视接收原理。第一个节目是侯宝林和郭启儒先生的相声，然后就是实况转播正在京演出的黄梅戏——严凤英、王少舫的《天仙配》。有人估计，当时全北京市的电视接收机不会超过二百台，我有幸成为第一批电视观众。

我们的大一生活可以说相对平静，功课对我来说不难，我的四张借书证，全借了人文类的书籍。

一天下午上制图课。制图课是考查课目，成绩是期末一锤子买卖，平时作业甚至可以不做。这一天，布告栏上张贴着一份通知：今晚 7 时在学生食堂，院长孟贵民同志传达毛主席在最高国务会议上的讲话，自由参加。反正没事，我拎上一只马扎前往。会场里稀稀拉拉，人数不及通常全院开会的四分之一。我们 W09 班的同学，来听传达的只有两三位，大多还在制图室里赶作业。

（本文节选自《老照片》第六十辑，有删减）

摆摊的拉着我们拍了这张照

艾　星

1944 年秋天，组织上发现我有文化，突然把我调到晋察冀第一军分区司令员兼政委的杨成武身边，给他当警卫员。半年后，杨司令升任冀中军区的司令，一下子管五个军分区，他走的时候就把我也带走了。我跟他去了白洋淀，天天跟着他打仗，还要保管文件、挂地图。那时白洋淀周围到处都是日本人，我们打掉了日本鬼子所有的岗楼，打败日本鬼子又打国民党，很多次死里逃生，我算是幸存者。

1948 年冬天，形势基本稳定，组织上安排我去石家庄的第一军医大学医疗系学习。1951 年，我本科毕业即将实习的时候，正好赶上抗美援朝，杨司令又把我要去，跟他一起去朝鲜。当时他是解放军二十兵团的司令，带着六十七军和六十八军入朝打仗，我管医务工作。朝鲜冰天雪地，在那里打仗非常艰苦，天上的飞机和地下的大炮整天疯狂地轰炸。尽管如此，我们还是把美

图 1　王继兰和艾星。摄于 1956 年 1 月。

图 2　王继兰和艾星。
黑明摄于 2009 年。

国鬼子打到三八线以南去了。

1952 年 5 月，我跟杨司令一起回国，去了天津警备区直属医院工作。杨司令去华北军区当了参谋长，也就是后来的北京军区，不久又当了司令员。1956 年我被派往北京，在军区举办的一个学习班学习，这个学习班就和现在的研究生班一样。1959 年，我被调到北京军区司令部门诊部工作，主要负责杨司令和一些首长的保健工作。我和杨司令一起共事四十多年，相处得非常好。直到 1982 年我才离休，当时他是全国政协副主席。

我和王继兰 1953 年结婚，1955 年分别被授予上尉和少尉军衔。婚后王继兰考入上海第二军医大学，先后读预科和本科达八年之久。1956 年，王继兰回京探亲去大栅栏逛街路过天安门的时候，摆摊照相的拦着我们照了这张相，不是特意去照的。

（本文节选自黑明《公民记忆：1949—2009》）

天安门是最神圣的地方

郭志明

我 1949 年小学毕业，玩了几年，1952 年回河北老家白洋淀开始读初中。我老家是水乡，所以我从小就喜欢水，1955 年我初中毕业考取了北京水利学校，1958 年毕业分配填表的时候，我的去向填的是西藏、新疆、海南岛，结果把我分到了广东省水利电力厅工作。

1961 年，我应征入伍去广东韶关当了兵，八年后复员回到原单位，1972 年和别人对调到北京电力科学研究院工作。

1979 年，我四十岁时成为一名援藏干部，去了西藏当雄的羊八井参与建设地热电站，我和孔繁森是同一批援藏干部。那时援藏，组织上给家属和子女解决商品粮和北京户口，所以我就带着爱人把户口迁到了西藏，三个孩子都留给了父母。在西藏工作五年之后，1983 年我们内调回到北京，连同孩子的户口也从河北进了北京，一家人才算团聚了。

图 1　郭志明。摄于 1956 年。

图 2　郭志明。黑明摄于 2009 年。

想想我这一辈子,也真是不容易,一年最少有两百天出差在外,先后在河北、天津、广东、江苏等地参加过几十台发电机组的建设和调试，一直干到 1999 年退休。

现在，我的三个孩子除了大女儿在北京工作外，二女儿和儿子都在日本工作，家庭条件比上不足，比下有余。

我很喜欢去天安门广场拍摄纪念照，最早的一张就是 1956 年在北京上中专的时候拍的，除此之外，我还有很多张天安门前的留影。我每次调离北京或是从外地回到北京，几乎都要特意赶到天安门前照张纪念照。我觉得天安门是最为神圣的地方。

（本文节选自黑明《公民记忆：1949—2009》）

在天安门照相就是和毛主席照相

许伦尧

1934年，我生于湖北省荆门市。1951年在武昌二中读初二的时候应征入伍，进入石家庄解放军白求恩国际和平医院学习。1954年毕业分配到华北军区第五后方医院从事医务工作。

我是响应抗美援朝、保家卫国的号召，自愿报名参加军医干校学习的。原计划是培训8个月就上朝鲜战场做救护，结果谈判成功后不打仗了，我们也就没去成朝鲜。其实我们都很想去朝鲜前线锻炼自己，做一名白求恩式的白衣战士。1954年毕业分配到华北军区第五后方医院干了几年，1958年调到酒泉卫星发射基地的国防部队工作，任务完成后，我被调到河南，1963年又被调到北京，在国防部第五研究院工作。1965年集体转业，所在单位改称七机部，后来改成了中国航天科工集团公司。

我第一次到北京是1954年。当时是来北京展览馆参观苏联的一个展览，

图 1　许伦尧。摄于 1956 年。

图 2　许伦尧。黑明摄于 2009 年。

展览的主要内容是苏联社会主义建设成就。那次来很忙，没有去成天安门。1956年我第二次来北京是送病号，送完病号去前门火车站回定县。等火车的时候，我到天安门前照了一张相。当时虽然穿的军大衣还是借来的，但心情依然很激动，认为在天安门照相就是和毛主席照相，感到无比幸福和喜悦。

（本文节选自黑明《公民记忆：1949—2009》）

1957 年：岳父参加国庆大阅兵

李义福

缘于我们爷俩都有过一段从军的历史，岳父张宝林跟我这个当女婿的比较有共同语言，一拉起来就没完没了，当然提得最多的还是他那段如花般的青春年华，尤其是他参加 1957 年国庆大阅兵的经历老挂在嘴边……

我岳父 1937 年出生在山东省夏津县新盛店镇张大屯，2012 年春节刚过，他老人家因患肺病离开了人世。在清理他的遗物时，我发现了这几张珍藏了多年的照片，也自然回忆起了他曾经“激情燃烧的岁月”。

1957 年 5 月底，也就是我岳父入伍后的第三年，他所在的连队接到上级关于参加国庆阅兵集训的命令，因此，他们经过短暂的准备，便整装来到了离北京不算远的郊区一个训练基地。

我岳父曾回忆说，这个训练基地比较大，坦克和高炮方队都在这里训练。训练基地事先按照正式阅兵的要求和标准，设计好了行程路线，并画上了图标。

他们先是各个方队单独训练，实际上训练课目比较单一，就是装备跟装备之间的步调一致，整齐划一。同岳父一起参加阅兵的战友李宝林他们所使用的火炮需要四个人配合才行，一个是车长负责全盘指挥，一个是驾驶员掌握方向，一个是炮长负责开炮，一个是填炮手管着装炮弹。阅兵不是实战演习，所以主要训练的就是车长和驾驶员，炮长和填炮手基本上没事可干，但必须一块进到炮仓里按照动作要领一起训练才行，并严谨认真地做好每个相应的技术动作。

一晃就集中强化训练了好几个月，受阅展现威武英姿的关键时刻就要到啦！10 月 1 日这天，参加阅兵的队伍早早地就来到天安门广场的东侧，按照先后排列好顺序，官兵们从头到脚又统一配发了一套新军装，看起来个个精神抖擞，斗志昂扬，等待着检阅开始。坦克、自行火炮的操作官兵，先整齐地列队站立在自己装备的一侧，等待命令统一进入操作仓位。

李宝林记得很清楚："那天阳光特别好，照得身上暖融融的。天安门广场周围有那么多的彩旗飘着，城楼上检阅部队的有毛泽东、朱德、刘少奇、周恩来等国家领导人，我还听说有外国的首脑。上午 10 点整，北京市市长彭真宣布首都庆祝中华人民共和国成立八周年纪念大会开始。彭德怀元帅在阅兵总指挥杨成武的陪同下，开始乘车检阅部队。检阅完后，彭德怀元帅又登上天安门检阅台向全体参加阅兵的官兵讲话……"

由于圆满完成了国庆受阅任务，我岳父所在的连队被团里授予"光荣完成

图 1　张宝林参加 1957 年国庆大阅兵后，全连参阅官兵的合影。

图 2　国庆阅兵后，张宝林与战友到离天安门不远的照相馆合影。背后是天安门的布景。

受阅任务优胜连”荣誉称号，颁发了锦旗，他们便高高兴兴地以天坛为背景，留下了图 1 这张具有历史价值、无比珍贵的合影，并且人手一张作为人生纪念。完成了任务，部队给他们放了两天的假，便三五成群在北京到处转悠，玩得轻轻松松，特别开心。所以，他跟一块参加阅兵的李宝林等几个战友，又一块来到离天安门不远的一家照相馆照了图 2 这张合影。

（本文节选自《老照片》第一〇四辑）

我参加了两次国庆阅兵

杨大容

20 世纪 50 年代的国庆节，北京天安门广场都要举行庆祝游行。那时“全民皆兵”，各地都大办民兵师，我在读的北京邮电学院（现北京邮电大学）奉命以首都通信兵预备师接受检阅。接到任务后，学院人武部组织我们学生操练，没有枪械，只能拿木枪来代替。

学院党委第二书记秦华礼具体负责阅兵工作。秦书记是 1932 年参加革命，经历过长征的老同志，战争年代一直在部队从事通信工作，有着丰富的部队生活经历，与许多部队首长都相识。此前，他已被任命为南京邮电学院（现南京邮电大学）党委书记兼院长，为了筹备阅兵，他只能延迟赴任。为解决阅兵用枪支和电台等装备，他从部队老战友处打听到了老上级陈赓大将的办公地点。门卫盘问他许久，才被允许进到第二道门卫处，电话打进去，一位上校出来说首长马上要接见你。秦书记被直接带到了陈赓办公室。陈赓说：“你是无事不

图 1　1958 年，北邮民兵方阵通过天安门城楼。

登三宝殿，有什么事快说吧！”秦书记就把阅兵借枪的事说了。陈赓沉思片刻说：“借枪可以，但一定要保证做到两点，一是绝对不能丢失和损坏枪支，二是阅兵一结束，马上归还入库。”第二天就有军用卡车送来了枪支，是二战时苏联红军用的那种冲锋枪。根据学生花名册，由人武部和团委编制持枪人名录，记录持枪者姓名和所持枪支的号码，并在次日举行了隆重的授枪仪式。领到枪后，大家兴奋不已，迫不及待地在教学楼前留影。秦书记还从通信兵部王铮部长处借到了电台和军用电话线。这样，我们民兵通信兵方阵就全副武装了：第一排手持冲锋枪，第二排肩背电台，第三排背着军用电话线……

同学们干劲大增，通信兵部还派来教官。除一般队列操练外，主要是练正步走，这是受阅过天安门时的规定步姿，不仅步幅、步频要一致，抬腿高度也要一致。经过二十天的停课训练，国庆前一周进行了阅兵预演。那天晚上十二点，大家装备整齐，在学校操场集合，分乘大巴前往长安街。天安门地区全面戒严，大巴距集合地几个街区就停下了，我们步行到达指定集合地。天安门广场灯火通明，我们静候到凌晨两点半左右，听到广播喇叭传来阅兵开始的命令，阅兵总指挥杨成武上将向国防部长彭德怀元帅报告受阅部队准备就绪，请首长检阅。彭总乘敞篷汽车在杨成武陪同下沿长安街检阅各方队，我们民兵队伍列在最后。待检阅车回到天安门，这才开始分列式。我们的队伍开始行进时是自由步，待走到广场时改齐步走，听到教官“一二三四”喊口令，大家就开始调

图 2　1959 年，参加国庆阅兵的北邮民兵在训练。

整步伐，走到地上划有受阅区的横线时就原地踏步，等与前面的队伍相距二十米时，我们的方队按军乐队演奏的《解放军进行曲》的节拍正步通过天安门前的检阅区。整个预演历时一个多小时，回到学校时天还没亮呢！

接下来，我们又强化训练了一周。国庆节那天与预演一样集合到等待区，不同的是在等待区等候了足足一通宵，直到早上九点才开始阅兵。等候时为避免打盹，大家互相拉歌，歌声此起彼伏。阅兵开始后的进程与预演时没什么两样，尽管一夜没休息，大家却个个精神饱满。受阅后大家兴奋、激动了好几天。回校当天，我们就把枪支和装备擦拭得干干净净，立即归还了。而秦华礼书记在圆满完成了这次阅兵后，就去南京赴任了。

1959年是建国十周年大庆，由于我们学院在前一年阅兵中表现不错，被组织进首都民兵师参加阅兵典礼。这次阅兵是由总参直接抓的，教官由总参军训部委派，枪支和装备也由总参直接配备。枪是国产的半自动步枪，电台和电话线也都是国产的，另外还加配了国产重机枪。重机枪很重，需要四位同学扛一挺，要求这四位同学的身高和步调一致，否则摇晃起来很难掌控。重机枪的四条支撑是全钢结构，扛在肩上极易磨破皮肉，所以扛重机枪的同学用上了自制的护肩。半自动步枪背在肩上会自然后倾，稍不留神，刺刀容易戳到后排队员，单肩背枪行进时，枪身会摆动击打身体；教官给大家传授背枪要领：把枪带绷紧，使枪身紧贴身躯，为使枪保持垂直状须用大拇指顶着绷紧的枪带。为掌握这些要领，花去了不少训练时间。

背电台要求挺胸收腹保持直立状。这谈何容易，背了电台重心向后，自然会向前躬身，以保持平衡；保持直立全靠腰肌力量。

我作为排头兵，常常被开“小灶”，因为排头兵走得不好，整个队伍就会出现扭动。为此，教官在地上每隔 75 厘米画一横线，把我们排头兵练到闭上眼睛走正步，每一步都能准确地踏到横线上。训练中，我们按照解放军内务条例，把被子叠成有棱有角的豆腐干状，还要站岗执勤。每天早晨，听到广播喇叭里的军号声就起床，用餐也要集体列队……

国庆前两周进行了一次预演，跟前一年情况差不多，只是要求更严格了。预演后教官作了点评，还告知了一些应急措施，如在受阅时有人因紧张劳累晕厥时，两旁的队员要扶持他将他拖过检阅区，等等，好在实际受阅中并没发生这类事。一星期后举行第二次预演，检查上次预演出现的问题是否改进克服了。国庆那天，我们同样是零点从学校出发，在长安街集合区一直等到上午 9 点开始阅兵。那年是杨勇上将担任阅兵总指挥，国防部长林彪担任阅兵首长。

阅兵结束回校后，大家争说看到了天安门城楼上的毛主席和其他中央首长，我却无从插嘴。因为排头兵在受阅时必须始终保持直视。阅兵时的天安门地区管制极其严格，只有经过特许的新华社记者才能进入现场拍摄照片。两度参加阅兵，我都没能留下个人纪念照，不能不说是一个遗憾。

（本文节选自《老照片》第九十七辑）

用相机记录北京的变迁

王可信

我上中学时，家中有一台折叠式照相机，我常拿来为同学们拍一些照片。回想起来，那时有架照相机玩玩的学生也算是凤毛麟角啦！我那时最羡慕的是那些端照相机的记者，我的理想便是长大后也能像他们一样。

1949年北平和平解放，我在东单区政府从事地方建设工作。当时百废待兴，各种会议和活动很多，我很希望有架照相机（原先家里那台照相机已不能用）能把它们记录下来，留做资料。这完全是我自己的爱好与想法，机关并没有给我安排这项任务。于是我就寻思自己花钱买台照相机。后来，我终于在一个信托商行里买到了一台120德国双镜头反光照相机。从此这台照相机就成为我形影不离的好伙伴，我用它拍摄了不少记录各项工作和活动的照片。由于我主动承担起了这项工作，还受到了区里领导的表扬。

1950年5月，北京的城市建设进入高潮。市里急需工程技术人员，由于我读过专科土木工程，经市政府人事处发出调令，将我从东单区政府调到北京市卫生工程局做工程技术工作。我到卫生工程局后，分配到河湖管理处。当时河湖管理处的主要工作，是疏浚已被淤塞的环城护城河。我热爱我管辖的工程，同时我还热爱摄影，于是就有了刊登在这里的几张疏浚护城河的照片，其中一张还刊登在了当年的《人民日报》上，那也是我正式发表的第一张摄影作品，为此《北京日报》还聘我为特约摄影通讯员。从 1951 年开始，《北京日报》经常刊登我拍摄的城市建设照片，并受到局领导的表扬。尤其让我高兴的是，局领导为了鼓励我的工作，还承诺给我买一台好一点的照相机。当时市面上根本没有照相机卖，费了很多周折，才托有关部门从海关没收的走私照相机中买了一台禄来福来双镜头反光照相机。后又经领导批准，专门为我建立了暗室，我的摄影工作条件大大改善。

1956 年 1 月 16 日，北京为了解决水源问题，上马了永定河引水工程。我被临时调到永定河引水工程指挥部工作，主要分管拦河闸工程，此外还负责整个引水工程的资料拍摄。永定河引水工程引水渠道长达二十五公里，附属建筑物二十八座，有长达二百四十三米十七孔拦河闸，有穿过模式口山的隧道，还有三十米落差的水电站等。其间三万多人参加施工，几十万工人、农民、解放军、干部、学生和市民参加了挖河的义务劳动。如此大规模的引水工程，仅用了一年三个月零八天就全部完工了。1957 年 4 月 24 日开闸放水那天，各大报

图 1　1958 年，为了庆祝中华人民共和国建立十周年，对天安门及东西长安街进行改造扩建。图为天安门前加修石板路面。

505

图 2　扩建中的天安门广场。摄于 1958 年。

纸争相报道，刊登的不少照片都是我拍摄的。事后，北京出版社还约我编辑了一本《永定河水到北京》的摄影画册。

1959年是建国十周年，中央有关部门决定编辑出版大型画册《中国》和《北京》，作为国家礼品送给应邀来参加国庆典礼活动的外国元首和贵宾。中共北京市委接到出版画册《北京》的任务后，即组成《北京》画册编辑委员会，由中共北京市委书记处书记邓拓同志领导，从北京市各单位借调摄影人员参加拍摄。我也被借调了去，分配在记者组。由于近十年来我拍摄了不少北京城市建设的照片，领导认为我比较有经验，安排我在城市建设组担任组长。

这个组的拍摄包括十大建筑，任务比较繁重。由于工期仅一年时间，技术人员、建筑工人、市政工人夜以继日地在工地上紧张施工，建筑物一天一个样。为了及时记录下建设的进度，我们城市建设组的几个人马不停蹄地奔波在各个工地之间，难得有喘息的机会。到了9月初，天安门广场、人民大会堂、中国革命博物馆和历史博物馆已初具规模，要把这三座建筑融为一体收进一个画面里，没有一个制高点是拍不下来的。我经过思考，认为用直升机拍是最理想的选择，市委领导研究后向中央有关部门打了报告。当时北京附近只有两架苏联产的直升机，噪音特别大，还不敢保证安全，万一掉下来怎么办？所以有关部门不同意直升机进市区，特别是天安门一带更不能进。直升机不能用，便考虑第二方案：用180度摇头照相机在前门楼上试拍天安门广场，结果拍出来的建

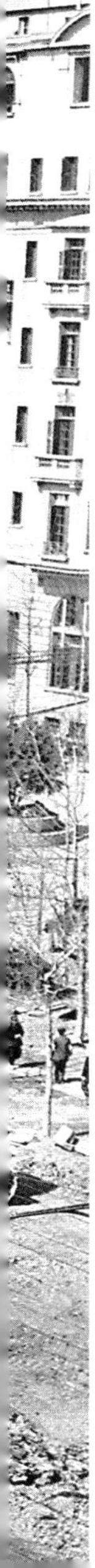

筑物全都变形。这时我注意到了往天安门城楼上挂毛主席像时用的消防云梯，我建议试一试。建议报到邓拓同志那里，他说用消防云梯可不是小事，必须请示刘仁同志（时任北京市委第二书记）。刘仁同志很快同意了，但他指示要派一名摄影技术水平高的记者上去拍，而且只能升降一次。我们即着手制订拍摄方案，最后决定从人民大会堂南门开始，依次是人民大会堂东门、天安门、东长安街、人民英雄纪念碑、中国革命博物馆和中国历史博物馆共拍六张，然后经过暗房加工拼接起来。我们组共有三个人，其中一名是女同志，另一名男同志眼睛近视，都不能登高。没什么可商量，这项任务自然落到我头上。云梯高50米，有钢丝绳保护的安全踏板最高可升到45米，往上还有五蹬才达到云梯顶。上去以后我才发现，站在安全踏板上拍接片时，三面钢丝绳都进入了画面，无法避开。这可难住我了，要想避开只有再往上爬三蹬，可是再上三蹬就没有保护设备了，也没有手抓的地方，一旦掉下去便是粉身碎骨！为了拍好祖国十年大庆画册，为北京争光，也顾不了那么多了，我又往上登了三蹬，几乎是冒着生命危险完成了天安门广场扩建后的拍摄。

图3　1958年，为了迎接建国十周年，开始扩建东西长安街，为适应阅兵时重型车辆通过的需要，加宽加厚了路面。

在后来出版的大型画册《北京》中，我共有七十五幅照片入选，内容涵盖十大建筑、工业、农业、商业、科学、文教、风光等诸多方面。

如今，半个多世纪过去了，北京的市政建设已经发生了翻天覆地的变化，我当年拍摄的这些照片为这座城市留下许多宝贵的记忆，我这个已经步入老年的摄影工作者也聊可自慰了。

（本文节选自《老照片》第八十辑）

四张天安门照

王晓勇

1965 年 8 月，一对在学校工作的新人趁暑假之机，赴北京旅行结婚。他们不摆宴席、不收礼金、不声张，以一种当时少有人选择的方式完成了自己的终身大事。图 1 是两人抵达北京后拍的第一张合影，背景是著名的天安门。照片中的主人公是我的父母，他们发自内心的微笑，印证着两人对未来无限的憧憬。

我母亲 1961 年初中毕业，作为呼和浩特市第一中学的优秀学生，本来应当继续升学，之后接受高等教育。然而贫寒的家境让母亲选择了一条看似快捷的出路——报考了包头钢铁学院中专部，并被录取。然而现实与她开了一个大大的玩笑，尚未来得及报道，就接到了学校下马的通知。求学无门，生活无着，彷徨了三四年，最终无奈结婚。

这次旅行，是我母亲平生第一次坐火车，第一次到北京，第一次品尝到放

图 1　父亲母亲在天安门前合影。

了芝麻酱的凉面是那么好吃。在清华大学工作的我姑父送来的几个水蜜桃，令我母亲一辈子念念难忘它的汁甜味美。北京之行的点点滴滴，几乎成了她终生的谈资。尽管后来她不止一次又到过北京，然而结婚时的历历往事，显然给了她深刻的印象。

我父亲与我母亲结合时，已是三十六岁大龄，在那个年代，自身条件优越却如此晚婚，必有原因。不管怎么说，毕竟组织一个小家庭是令人兴奋的。

当年我父母站立的地方，如今摆放着金属栏杆。今天想以天安门为背景照张相，很是不易，身后熙熙攘攘的人流，令手拿相机的人必须敏锐地捕捉合适的时机。这张摄于五十四年前的旧照，传递出的是一种简单、静谧的氛围。

图 2 是 1972 年春节期间，我们全家五口要到杭州爷爷家过年，在北京转车时，在天安门前的留影。

这不是一张精美的相片，天安门仅仅能看到一个轮廓，地面上还有雪堆。据说那一天北京非常冷，我戴一顶男孩子的棉帽子，被妈妈抱在怀中，仍冻得忍不住哭了起来。弟弟当时还在妈妈肚子里。我们一家人，缺少足够的御寒衣物，从天寒地冻的呼和浩特，千里迢迢去杭州，没有直达火车，要转车两次，而且买的是站票，车厢里拥挤不堪，仅仅刚到北京，一家人已经疲惫到了极点。虽然春节即将来临，照片中的人无论大人小孩，脸上都未露出明显的笑意，甚至于还有点儿面带忧戚。

图 2　全家在天安门前留影。

图 3　弟弟在天安门前留影。

就是这一次杭州之行，在火车上我感染了水痘，然后传给了哥哥。我父母带着两个病恹恹的孩子，肚子里还怀着一个，好不容易跨进了杭州爷爷的家门。我对那时的印象最深刻的，是南方湿冷的冬天给人极不舒服的感受，还有煤油炉子做出的饭菜上，始终能嗅出一股浓烈的煤油味……

图 3 是 1979 年 8 月，我的小弟弟从杭州爷爷家回呼市，路过北京时，特意在天安门前留影。这张照片无论取景角度还是清晰度，都略胜于前两张，拍摄者是手持相机在天安门广场上揽生意的摄影个体户。个体户是当年的新生事物。20 世纪 70 年代末，大量知青开始返城，北京一时间涌入了大批暂时无法安置的待业人员，北京大碗茶就出现于此时。我听父亲说，他们一走进天安门广场，马上就围上来十几个手拿相机的人，一迭声地问："照不照相？"十几天后，我们在呼市收到了这张寄自北京的照片。

图 4 是 1998 年夏，我父亲赴沈阳探望几十年未见面的二姐即我的二姑，在北京短暂停留时所摄，摄影的是同行的我的哥哥。那时生活条件已改善，家里拥有了第一架照相机——国产海鸥单反相机。所以这张天安门照，在拍摄角度上，明显有别于以前固定摄影位置的那种千篇一律的相片。从照片上可见，天安门修葺一新，金碧辉煌，增加了喷泉，绿树红墙。我的哥哥极具艺术天分，摄影技术有一定的水准。那一年他们父子二人一路走来，拍摄了大量的风光照、人物照，尤其古都北京的风景照，堪称精美的明信片。这在以前是不能想象的，

图 4　父亲在天安门前留影。

想当年，我母亲为了让我们在天安门前照一张相，都要斟酌一番。

由于要写这篇文章，我翻遍了家中十几本大相册，当然在天安门前的留影绝不止这四张。不同的是，后来的天安门照，色彩越来越鲜艳靓丽，取景越来越讲究，照片中人的表情越来越明快轻松。相同的是，站在天安门前，心中会升腾起一种庄严感、神圣感，它是祖国的心脏，我们每一个人，都与国家同呼吸、共命运。

人是离不开社会大环境的，只有国家稳定昌盛，人民才能真正安康。

1965年：斋藤康一和他拍摄的北京

本田善彦

斋藤康一先生是当代日本摄影界很重要的专业摄影师，特别是在肖像摄影领域建立了独特风格。1935年斋藤先生出生于东京，1960年毕业于日本大学艺术学部摄影学科，学生时代担任过摄影名家林忠彦、秋山庄太郎的助理，毕业后即成为专业摄影师。早期在日本的画报和各大杂志上，斋藤先生几乎每周都有作品发表，其中他拍的肖像照颇受好评，包括著名作家川端康成、三岛由纪夫、井上靖、野坂昭如、远藤周作、司马辽太郎等的肖像照，以及各界名流如松下幸之助、黑泽明、市川昆、藤子不二雄、北野武、王贞治、冈本太郎、安藤忠雄、池田大作等人士，都在他的镜头前留下过生动的表情。

斋藤先生除了作为肖像摄影的大师之外，也是位日本摄影界里屈指可数的“中国通”。他跟中国的第一次接触是1965年。该年，包括斋藤先生在内的日本青年艺术家代表团，本来是要参加在北非阿尔及利亚举行的世界青年联欢

图 1　日本青年代表团参加 1965 年国庆大典。

节，没料到该国突然发生政变，赴阿尔及利亚的计划临时取消。日本代表团本来要分两团出发，亲日本社会党的这一团计划经过苏联前往阿尔及利亚，而亲日本共产党的另一团则是经过中国大陆往阿尔及利亚，然后双方在北非会合。阿尔及利亚出事后，他们刚好得知中国大陆计划举办第一届中日青年大联欢活动，于是临时调整计划，决定所有团员前往大陆参加两国青年大联欢活动。

斋藤先生所属的团，以艺术家为主，有传统舞蹈家、画家、摄影师等，每个成员都颇具才华和个性。他们先搭机飞往香港（当时日本和中国的邦交尚未正常化，两国之间没有直飞班机），日本人去中国大陆必须经过第三地——香港。斋藤先生在内的一行人抵达香港后，手提着摄影机、戏服和传统乐器等，然后由陆路经过罗湖关口，进入当年外界普遍认为神秘的中国大陆。1965 年 9 月初，斋藤先生一团 16 人先从广州飞往武汉，后来又回到广州，再坐火车沿途北上。火车停在哪儿，就在哪儿下车，并跟当地青年交流，住一两个晚上，如此这般，经过了上海等城市，最后抵达北京。根据官方报道，该年 8 月 23 日，出席中日青年大联欢的日本青年 271 人到达了北京，25 日北京各界青年万人集会欢迎日本青年代表团。直到 9 月，来自日本的其他团体，先后结束两到三个星期的访华行程，各自启程回国。但斋藤先生所属的艺术团却仍然在大陆各地访问，整整待了 48 天之久。由于增加了访问的时间，斋藤先生原本从日本带来的五六十卷胶片根本不够用，到了北京，好不容易才买到了柯达胶卷。走访大陆各城市期间，斋藤先生用掉的胶卷高达八九十卷之多。

斋藤先生说，新中国建国第16年的1965年，无论到哪儿都感受到热烈的气氛。无论参加任何活动，或打开收音机，时时都听得到高呼“毛主席万岁”的声音，连不会说中国话的斋藤先生，因为反复地听，也学会了。老百姓的物质生活并不富裕，他们对外面世界的理解也很有限，而且某些言论明显带着对外宣传的目的。但整体看来，斋藤先生感受到社会有一股朝气和兴奋，未来似乎充满了希望，对此他感受很深！

因为延长访华行程，多待了几个星期的缘故，斋藤先生等团员受全国青年联合会的邀请参加国庆大会。10月1日在天安门广场，他还看到了毛泽东。他记得毛泽东旁边有柬埔寨的西哈努克亲王和刘少奇等人士。毛泽东现身天安门城楼上的那一刻，斋藤先生记忆犹新，说：“群众好像发狂似的拍手，不断地高喊‘毛主席万岁’，毛泽东在群众中的魅力真了不得！”他对国庆大会的游行也留下很深的印象，整个游行队伍一丝不乱、井然有序，表现出革命社会的高昂情绪。斋藤先生在国庆晚宴上还有机会见到周恩来、宋庆龄等高层人士。当晚人民大会堂里摆设了许许多多的圆桌，周恩来他们坐在正中央前方的位子。

通过1965年的访问，斋藤先生跟中国结了深缘。第二次访华是1976年5月，以向旭为团长的上海京剧团一行130人赴日访问演出，斋藤先生为了报道这次访问演出，事前获准赴沪采访。后来陆续又有机会到中国大陆访问，走遍北京、

图 2　王府井大街熙熙攘攘的景象。

图 3　人们在故宫游玩。

图 4　天安门附近游玩的人们。

上海、苏州、哈尔滨、拉萨等地，拍摄了不少照片。1985 年他在日本佳能公司出版了画册《苏州にて》（《在苏州》），1997 年又出版《北京’95~96》等画册，皆获得高度评价。

斋藤先生有关中国的许多摄影作品，曾静悄悄地藏在箱子底下几十年，如今重现于世，予人以无比的惊艳！这件事看似偶然，其实是许多有心人长年努力的必然成果，也代表了中日文化交流史最新的一页！

（本文节选自《老照片》第一一四辑，有删减）

穿越时空的两张照片

何惺华

1966年8月，我正在九二三厂（现胜利油田的前身）供应工读学校学习，学校的课堂教学和车间学工都已停止。我找了几个志同道合的同学，商量着也出去转转。

我们召集了八个人，四男四女，曰桐当头目。我们这些人全都是家在济南的，因此决定先步行走到济南，然后再坐火车去北京。时值深秋，天气渐冷，我们慎重考虑了日程、路线、住宿，衣物、被子等也做了充足的准备。

11月初的某天下午，我们扛着一杆红旗，肩背行李，踏上了征程。据我回忆，我们一共走了六天，每天行走六十里至七十里，分别住宿在垦利县史口镇、博兴县道旭镇、高青县孙镇、章丘县宁家埠镇和历城县韩仓镇。一路上虽然疲劳，但大家情绪高昂，吸引了不少农民的惊讶目光。沿途接待我们住宿的公社人员都很热情，对我们的行动，有夸赞的，也有不以为然的。第六天中午，我们一行平安到达济南。

在济南回家休整了两天之后，我们重新集合，乘火车去北京。火车上天南海北的学生人满为患，我第一次看到连行李架上都躺满了人。记得到达北京时，正遇寒流，广东来的学生只穿着衬衫，冻得瑟瑟发抖。幸亏当时北京市有关部门已经有所准备，学生一到站，立刻用大客车分送到各街道、机关、学校，居民们送棉衣，腾房间，烧水做饭，热情招待这些“毛主席请来的客人”。当时北京城里平添几十万（检阅的时候更达到百万）来自全国各地的男女青年学生，鱼龙混杂。但市面基本稳定，社会秩序良好，学生的安全、生活、健康都有保障。

找了一个天高云淡的日子，我们到天安门广场去参观游览。广场上全是各地来的学生，南腔北调，五色杂陈。很多人都在天安门前合影留念。我们也找了一个位置，手捧《毛主席语录》，曰桐拄着红旗，留下了这张合影（图 1）。

照片上，除了我和一个女生之外，大家穿的都是深蓝色的“杠杠服”，这是油田的工作服。据说从大庆开始，石油工人的标志就是这种俗称“十八道”的杠杠服。由于在油漆库学工，我的工作服上满是斑驳的油漆，锃光瓦亮，实在不雅，照相师让我脱了。

1995 年，供应工读学校校庆三十周年，已经步入知天命之年的同学们又一次相聚。除了一个女生外，照片上的那伙人又见面了。曾经的小伙子大姑娘，已经成了新一辈小伙子大姑娘的爹妈。分手后的三十年里，尽管有各种波折，

图 1　我们在天安门前的留影。摄于 1966 年。

图 2　时隔三十年的合影。摄于 1995 年。

但借国家昌明之光，依靠自己的努力，大家生活都很充实，实现了当年的愿望，成长为对国家和社会有贡献的人才。其中有的当上采油厂供电、供水部门的领导，有的成为物探专业的高级工程师，多数已是油田各单位物资供应管理的业务骨干。

我提议老照片上的人再照一张，以资留念，众人拍手附和。曰桐找了杆红旗，大家按当年的位置站好，留下了又一次合影（图 2）。尽管后来取胶卷时不慎漏光，但我用两张合一张，画面虽有些瑕疵，还是基本完整保存了图像。

此时人人都发福了，衣着光鲜，脸上洋溢着满足的笑容。皱纹述说着沧桑，眼光中充满沉稳与喜悦。事业有成，家庭美满，儿女争气，老友重逢，人生至此，夫复何求？

万事皆变，唯友爱永恒，且愈久弥醇。今天算来，又过去二十多年了，朋友们，我们还能有第三次合影的机会吗？

（本文节选自《老照片》第一一〇辑）

天安门留影

李　尧

1966年10月1日，为庆祝十七周年国庆，毛泽东主席在天安门城楼接见一百五十万青年学生。全国各地的大学生提前进京，准备接受检阅。我那年二十岁，在内蒙古师范学院英语系四年级读书。听到毛主席要在国庆节接见全国各地大学生的消息，兴奋得夜不能寐。因为那时候，到北京见毛主席是我们最大的心愿。可是就在大家兴高采烈整装待发的时候，系里通知我和另外两个同学不能去北京。这个通知真是当头一棒，打得我僵在那里一句话也说不出来。眼巴巴看着同学们排着整齐的队伍，高举红旗，唱着革命歌曲向车站走去，我紧咬嘴唇，强忍着没让眼泪流下来。

过了两天，我和几个同学正在校园里劳动，同班同学韩桐偷偷塞给我和另外那两个同学每人一张到北京的火车票。他说："你们赶快坐今天晚上的火车到北京，还能赶上毛主席接见。"同窗四载，我们都知道韩桐善良、正直，但

国庆 1949—1966 天安门留影

作者在天安门前留影。

此时此刻还是无法相信自己的耳朵。韩桐看我们一动不动站在那里，连忙说："快走呀！还愣着干什么？"我怯怯地说："让人家发现了怎么办？"韩桐说："你头上又没写字，谁能发现。万一盘查，让他们看学生证就是了。"听了韩桐的话，我们都放下心来，匆匆忙忙赶到呼和浩特车站，坐了一夜火车，第二天早晨来到北京。坐在公共汽车上从天安门广场驶过，看到无数次在梦里走近的天安门城楼，我还是流下了激动的眼泪。

10 月 1 日，我和先期来到北京的同学们一起接受了毛主席的检阅。不过一百五十万人在几个小时内从天安门广场快步走过，要想看到百米之外天安门城楼上的毛主席并非易事。事实上我们班的同学谁也没有真正看到红光满面、神采奕奕的伟大领袖毛主席。然而，这并没有影响大家的情绪。我们振臂高呼口号,阔步走过天安门广场。不少人流下激动的泪水,感觉到从来没有过的幸福。

第二天，我和同学们一起，又来到天安门广场，大家纷纷拍照留念。我也留下这张照片。此后半个多世纪，乾坤巨变，历史的车轮滚滚向前。然而不管世事如何变化，那一刻按下的快门，记录的是我们这一代人最真实的感情。真实便难忘。是的，难忘！难忘的青年时代……

天安门前的一张留影

王天新

这张照片拍摄于1968年8月25日中午，在天安门城楼前。

它的背后有太多的故事，得从小时候说起。

20世纪五六十年代，爸爸三次获得全国纺织工业和天津市劳动模范称号，四次见到毛主席。为此，我也渴望见到毛主席，盼望至少能在北京天安门在毛主席像前留张影。为实现这个愿望，我盼了好多年。

爸爸知道我的愿望，几次答应带我去北京。可是由于他担任了纺织部所属天津纺织机械厂的副厂长兼总工程师，工作越来越忙，抽不出时间，始终没能成行。

1964年，我被评为区优秀少先队员，有幸随少先队集体去北京参观。第一次来到首都北京。我们参观了人民大会堂、人民英雄纪念碑，看到了壮丽的天安门，可惜没有安排拍照。记得那天夜幕降临，我们乘坐大轿车返津，再次

天安门留念
北京 1968

作者在天安门前留影。

从天安门广场缓缓驶过，我的脸贴在车窗上，望着灯光闪耀的天安门，心里满是留恋。

1967年，我在家中养病，同班有几位女同学，她们步行在公路上拦车去了北京，在天安门广场合影留念。她们将照片送我一张，我很羡慕（照片一直保存至今），并萌生了用同样方法去北京天安门的念头，没有同伴，决定自己去。

1968年8月25日，我独自一人踏上了徒步拦车赴北京之路。怕爸爸妈妈担心不放行，只说有同学做伴，没讲实话，因这事并没错啊！

清晨6点钟出发，天气很凉爽，我兴致勃勃地带着爸爸妈妈给的6元钱和托付的事——帮爸爸买5号电池——背起绣着红五星的绿书包，里面装着自己的心爱之物："英雄"日记本、几张照片、爸爸的派克钢笔和一双塑料凉鞋。

我沿着京津公路向北，"马不停蹄"地步行了30里地，一直走到杨连弟中学，时间过去大约已有4个小时，仍没能拦到去北京的汽车。心里有些着急，这样走下去，天黑也走不到北京啊！那时候真傻，竟没想到，乘火车就可以到北京，为什么要徒步呢？！正在这时，前面有一大群羊正浩浩荡荡地穿过公路，一辆载着一批年轻人的大卡车被挡在后面，被迫停住了。我急忙跑过去，请司机同志让我搭车，他同意了。车上的人迅速把我拉上车。原来他们是新分配工作的大学生，男男女女都带着行李，说说笑笑。卡车一直把我送到北京站。谢过司机和大学生们，我在北京站外乘1路公共汽车到达天安门。

终于来到了雄伟壮丽的天安门，心中充满神圣之感。我赶紧整肃自己，我靠坐在大松树下，用手仔细梳拢着在露天卡车上被风吹乱的头发，整理好衣裳，才来到照相馆设在广场的摊点，排队等待拍照。轮到我了，我还向一位海军战士借了一本《毛主席语录》，在众目睽睽下，以天安门为背景，手持“红宝书”，满心幸福地拍了这张照片，终于了却了自己多年的一个心愿。

（本文节选自《老照片》第一一一辑，文字有删减）

1969年：北京见闻

朱益华

1969年我因公两次去北京，加在一起在京住了一个多月。由于我头一回来首都，对什么都觉得新鲜，工作之余喜欢到处跑到处看。四十年之后翻看当年在京城的留影和工作笔记时，勾起我的许多回忆。

3月28日下午我在南京乘14次特快列车，于29日上午11时到达北京站。我的头发和耳孔里全是火车上带下来的黑灰。车站里边有一排水龙头，一拧不但有冷水还有热水，我连忙从包里抽出毛巾就着热水美美地洗了个头。不料，走出车站大门，迎面刮过来猛烈的沙尘，我又成了灰头土脸。这时，整个天空黄尘一片，路上行人男的戴着严严实实的帽子，女的裹着纱巾，敞头在风沙中行走的，大都是刚下车的外地来京人员。当日下午我赶到冶金部科技司科研组，打算汇报我们试验项目需要解决的问题，一位办事员介绍我先到西直门内西章胡同冶金部招待所住下，下周一再去汇报工作。

3 月 30 日是星期天，我直奔天安门广场。沙尘风不刮了。大街上最大特色是一拨又一拨的自行车群。从这天我在天安门前照的一张相片中可以看出，天安门广场比较冷清。

从我们招待所出西章胡同口，向东是新街口，往西是西直门城楼。这座建于明朝的城门是座瓮城建筑，由于两边的城墙已经拆除，远远望去像座城堡。城上箭楼三层重檐，巍然凌空，气势非凡。4 月初，城楼上搭起了脚手架，工人们开始拆箭楼上的瓦。听说整座城楼将被拆除，这里要修建地铁。4 月中旬，在我即将离开北京的头一天下午，我看见箭楼上的砖瓦已经揭拆完了，只剩下木房架。一台长臂吊车正在吊起大梁。数百年的古建筑发出阵阵“吱呀呀”的响声。

三个月后的 7 月下旬，我第二次来京，仍住西章胡同招待所。这次我要去的是位于百万庄的一家单位，每天都要经过西直门。此时，那座巨大的城楼只剩下一圈土堆和砖堆，其中还留有一座残破的小城门。我们项目组的小甘是北京人，一天我和他同车经过西直门时，他指着那座小城门对我说，这是拆城门时发现的元朝城门。推土机在推城墙土的时候推出许多小城砖，这种砖比明朝的城砖薄，引起施工人员的注意，遂向上级报告。考古人员发现，这是元大都的“和义门”。我素有好古癖，当天下午便去看热闹。这城门与西直门相比，小了一号，跟一般县城的城门差不多。城门口的地上开挖了一个一米见方的土

作者在天安门广场

坑。两位三十来岁的汉子一个蹲在坑里一个蹲在坑沿，正在讨论着什么。我凑上前探问，坑内戴眼镜的说看看元朝的土建。我见对方态度和蔼，便又问为什么说这城就是元朝的呢。坑里的那位这时直起腰来答道，门洞上发现了至正十八年（1358）四月的题字，史书上也有和义门的记载。他还告诉我土建很糟糕，没做地基和下水，看来是突击起来的工程（多年后我从别的材料上得知，他们是北京元大都考古队从事发掘和义门工作的）。现场有许多看热闹的人跑来跑去，有的拾起石灰块，说里边掺了糯米汁，比现在水泥还坚硬。有的捡起一块元代城砖悄悄地带走。从考古人员那里我还了解到元代城门构筑具有唐宋木构的“过梁式”门洞向明清砖券门洞过渡的特点。在北京，明代的城门还有多座，而原汁原味的元朝城门只有这座被埋了六百多年的和义门了。“城门洞里的土完全清除了，我迈步走进去，仿佛呼吸到六百多年前的空气了”。当年笔记里记录下了我的亲身体验。可惜的是，这座具有历史研究价值和文物观赏价值的古城门没有被保护下来。

西章胡同招待所每个房间放置着两张上下铺单人床，住四个人。住在我下铺的那位老先生每天无所事事，不像是来出差的。看上去他年近五十岁，圆圆的脸上散落着浅浅的麻点，人很随和。听说他是山西中条山一家大企业的工会主席。他 1938 年参加革命，我们都喊他“老革命”，他亦笑应。有回聊天，他回忆起十六岁那年，有次奉命送紧急信件，两天两夜没合眼，返回的路上躺在壕沟里睡着了。也不知睡了多长时间，醒过来怀里还搂着小马枪。一天晚上，他说他有一架德国产的 120 相机，能自动测光。他叫我把胶卷买好，他替我照相。北京的 8 月，骄阳高照，炎热难当。老革命背着照相机，陪我到天安门广场、中山公园、北海公园、景山公园为我拍了一组照片。

8 月下旬，我乘 13 次特快列车离开了北京，同老革命从此断了联系。2000 年的一天，我接待了山西中条山那个大企业的到访人员，我向他们探问老革命的情况，他们感到茫然。我这才想到，以其中几位的年龄看，老革命在北京的年代，他们还在上小学呢。有位岁数大点的，说他听说过这位老领导，他参加工作时那位老领导已经离休了，听说现在已经去世了。

（本文节选自《老照片》第七十一辑）

母亲给我俩留下了珍贵的纪念

马　洁

1970 年五一那天，为了节省几毛钱的路费，母亲竟然骑车二十多公里，带我和弟弟马刚从大兴黄村来到天安门广场照相。当时只给我俩照了一张合影，母亲没舍得照。记得那天照相，我站得很规矩，但弟弟却对照相丝毫没有兴趣，最终母亲发火了，他才不情愿地提出条件，说照相可以，但要把帽檐卷弯，说要像王国福一样。王国福是大兴农民，他当时是全国人民艰苦奋斗的榜样，他的事迹是“一分钱掰成两半花”，在全国很有名。母亲只好随他的意愿，让他卷了帽檐，母亲给我俩留下了珍贵的纪念。

母亲说我小时候很乖，很早就学会了做饭、做家务。那时父亲常年下乡，照顾和教育我们的责任都落在母亲一个人身上。弟弟小时候淘气，经常是上午学雷锋做好事，下午就和同学打架。长大以后，我从师范院校毕业当了教师，后来又学习经济管理进入银行工作。弟弟毕业于警官学院，成为一名合

图 1　摄于 1970 年。左为马洁、右为马刚。

图 2　摄于 2009 年。左为马洁、右为马刚。

格的警察。

如今四十多年过去了，现在房子越住越大，汽车越换越好，生活越来越富裕。当我们不再考虑去天安门照相要花多少钱的时候，母亲却老了，而且不久前（2009年）刚刚离开这个世界。当我们姐弟俩再次来到天安门前面对镜头的时候，我首先想到的就是小时候母亲骑着自行车，大汗淋漓地带我们来天安门广场照相的情景，好像又听到了那次照相时，母亲让我和弟弟“靠近点儿，再靠近点儿”的声音。勤劳善良的母亲培养了我们，每当想起母亲，我总是不由得流泪。好在父亲还健在，能够继续感受我们在工作和生活中的快乐。

（本文节选自黑明《公民记忆：1949—2009》）

难忘的探亲

阎菊生

我家有九个兄弟姐妹：五个哥哥，四个姐妹。

五哥阎励生，1956 年考入南京农学院畜牧系，学制五年。1961 年毕业，五哥被分配到宁夏中宁县的国营渠口堡农场。六年之后，五哥成了家，嫂子在银川的一家保密工厂工作。1968 年春，我母亲去银川伺候嫂子坐月子，但在银川解决不了母亲的户籍，老人只好抱着刚出生的孙子到了渠口堡与儿子一起生活。水土不服，加上病毒感染，1971 年初秋老人病倒了。接到五哥的信后，我决定去探望母亲。

我请了假，买了去银川的火车通票，将在幼儿园整托的儿子阳儿接出来，于 9 月 13 日清晨从济南动身。当时走京包线的火车须在北京中转。我初次出远门，又带着孩子，孩子在车上就呕吐了几次，等待中转签字的人黑压压一大片，足有二三百人，何时才能挨到我？天色已晚，我鼓了鼓勇气走到前面，说：

“同志，我的孩子病了，能不能让我……”在征得大家谅解后，我签好了票。

列车终于到达银川站，列车好像停在荒野里，出入口用木栅栏隔开。五嫂推着自行车来接我们，说银川分老城和新城，这个地方是新城，可能是临时车站，所以如此简陋。

从银川去渠口堡的火车只有一班慢车（快车不停），停车一分钟，站上不见路灯。跟来接站的五哥到家时已是午夜，母亲还在灯下等着我们，侄儿东东伏在奶奶背上，瞪着大眼睛瞅着我这个姑姑，他还不到四岁。

渠口堡农场处于宁夏中部的中宁县境内，周围修筑许多灌溉渠，主要种植水稻、苹果，水稻的质量很好，苹果结得又大又好吃。农场不大种菜，大葱、大蒜也不常见，场里的孩子们带我们去挖沙葱。沙葱就像细细的野草，根扎得又深又细埋在沙堆里，半天才挖到一小缕，有点淡淡的大葱味，有时孩子们去摘“沙枣”——一种圆形的黄色的果实（类似我们山上的酸枣）。路旁、田间地头有不少沙枣树，东东总是连果带核一块吞下去。孩子们在树上摘，我们在树下拣，不一会儿口袋里的沙枣就满了。东东的饭量大，又胖又壮，阳儿比他大两岁却吃不下一小碗饭，我母亲就用油炒面放点白糖，用开水冲给阳儿喝。有一天，五哥领了一个背麻袋的人进屋，袋子里是一块块猪肉，脏兮兮的。我们来了半个月没吃过肉，五哥挑了一块，说，给孩子们解解馋吧。

五哥常年做生猪的育种和大牲畜病防工作。有时我也到他工作的地方看看，

天安门留念

北京 1971

作者和孩子在天安门前留影。

我背着东东，阳儿跟在后面。五哥说，给牲畜看病比给人诊治更难，因为它们不会说话，这就是为什么他学的专业与医学一样，学制为五年。附近的兽医站有几个刚分配的中专生，遇到困难就来找五哥做指导。五哥在农场工作二十年，直到落实知识分子政策，才调回银川市农林科研所工作。

刚到农场的第二天下午，一位二十五六岁的女同志，在我们家的窗台上放了一捆韭菜，匆匆走了。母亲再三唤她，她只说还上着班呢，没有回头。后来才知道她是场里的技术员，姓巴，回族，大家都叫她小巴，听说我来探亲家里缺少蔬菜，她就从外地搞了一把韭菜来。又隔了几天，巴大娘叫人捎信，让我去她家一趟。我去了巴大娘家，见摆了一桌子菜，灶上还煮着一只全羊。巴大娘拉住我的手，热情地让我尝尝她的手艺。她比我母亲年龄大，背已全驼了，还要照顾小巴两个才两三岁的女儿。我很过意不去，这桌饭菜就是一个年轻人也够忙活半天的。晚上五哥下班回来，我把巴大娘请我吃饭的事告诉他，五哥说你若不去老人家会不高兴的，小巴为请你吃饭，已操办好几天了。五哥他们和小巴是同事又是好朋友，小巴毕业于北京林学院，丈夫在林业部工作，夫妻分居两地。小巴两次生孩子丈夫都没赶回来，是五哥他们把小巴送进医院。几个大学生结下了深厚的友谊，大家像兄弟姐妹。不分天南地北，不分哪个民族。

半个月后，母亲的身体渐渐康复，但是阳儿依然不思饭食。每日靠着吃苹果支撑，有一天，阳儿一个人悄悄去了水渠边玩耍，渠边很滑，不小心跌入水渠里。阳儿身体虚弱，无力挣扎上岸，但他很顽强，死死地抓住一根树枝，用微弱的声音呼救。一位叫王凤兰的回族大嫂，正去小卖部购物，听见孩子的呼叫，跑过去用力把他拖上岸来。孩子全身湿透，又受了惊吓，发起烧来。听邻居说，前天这里刚冲走一个孩子，我心中十分后怕，只顾抱着孩子呜咽，以致救命恩人离开时，我连句感激的话都没对人家说……

两天后，我们坐上小驴车离开农场，9 月底的塞外已很寒冷，我们的衣服很单薄，东东的哭声顺风传来，一直到我们走远，还在断断续续……

进了北京天热起来了，我感觉很疲劳，起了一身荨麻疹。不过，我还是带孩子去了天安门广场，拍了一张照片。

此后，我于 1981 年、1991 年再去银川探亲，但还是 1971 年的那次探亲最让我难忘。至今，我还深深地怀念着那里黄色的沙枣树和火红的枸杞，怀念着那些热情善良的回族兄弟姐妹……

（本文节选自《老照片》第七十二辑）

工农兵学员进北大

李荣欣

我是当年第一批进北大的工农兵学员中的一员。

1969年，我入伍进川，在成都军区某通信总站当战士，由于表现好、文化程度高（我是老三届，1967年高中毕业），很快就当上了连队的文书又入了党。入伍第二年的8月22日，也就是1970年的8月22日，我随总站站长从重庆出差回到成都，指导员找到我说："组织上决定让你去北京大学学外语，这个表格你填一下。"高中毕业后，我没能考成大学，没想到入伍后倒被组织推荐上大学，而且是鼎鼎大名的北京大学。听到这个消息后，我着实高兴，急忙问指导员："学哪门外语？"指导员说："听军区干部部的人说学印地语。"我又问他："印地语是哪国的语言？""大概是美国的，美国不是有印第安人吗？可能是他们的语言，你们学了印地语，可能将来到美国帮助印第安人闹革命。"能出国闹革命？他这一说，我就更高兴了。直到入了学，才知道印地语

图 1　作者（后排中）和同学在北京大学校门前合影。

就是印度语，与印第安人风马牛不相及。

总站共有两人被推荐到北京大学，我去北京的校本部，另一位去江西鲤鱼洲的北大分校。入北大的第一批工农兵学员，也是分两部分，一部分在北京北大校本部，一部分去江西鲤鱼洲。在北京校本部的学员大部分是短训，学习一年时间，去江西鲤鱼洲的是重点培养，学习两年以上。我是 8 月 25 日从成都乘火车到北京的，29 日发了印有“北京大学”字样的校徽和盖有“北京大学”钢印的学生证。

当时，北大大部分系都招了新生，9 月 1 日前陆续报到。后来知道，包括短训班一共是一万多名新生。有人说北大是“三个教职员工保障一个学员”，当时北大教职员工是三万多名。学外语的东语系、西语系、俄语系基本上都是解放军学员，那时的战备观念很强，是为部队普及外语喊话和搞情报培训教员和人才的。校本部的工农兵学员中，解放军学员占一半。我们印地语专业的一百多名解放军学员，来自成都军区和乌鲁木齐军区。

模仿解放军的建制，学员们编为班、排、连。班长由学员担任，排长由学员或教师担任，连长由工宣队和军宣队的人担任。解放军学员中各军区来的带队的做指导人员，连长不在时他们履行连长的职责。一开始，招呼学员的工作多由驻校的工宣队和军宣队的人负责，几个月后，可能是感到厌烦，他们都退到了二线，出操、开会等集体活动都由各军区来的带队人员施行。地方学员集中的中文、历史、数学等系一直由驻校工宣队和军宣队来管理。

9月1日，全校师生集中到北大东南角的大操场举行了开学大会。第二天，正式上课学习，大多数系的学习内容和之前的大同小异，只是政治活动很多，动辄就集中开会、集中讨论。

四十年了，当初经历的有些事情，至今还记忆犹新。

当年入校的工农兵学员，年龄大小不一、文化程度参差不齐。有的只有小学毕业，听不懂课，记不了课堂笔记。学校安排中文系的老师集中给大家上语法课，从基础学起。一开始在百人的小教室里，后有多达千人来听课，学校干脆安排教师在大礼堂里讲课。北大中文系的老师果然了得，他们深入浅出地讲解，让我们终身受益。

我在校园里，几次看到大哲学家冯友兰先生，夹着手杖从校园大东北角的宿舍区走。大学者季羡林先生，之前是北大东语系的系主任，当时校方专门把他叫回来，负责印地语专业的讲义编写，我们因此有了朝夕相处的接触。季先生的治学态度十分严谨，对学员十分真诚。交给他编的讲义，要求一星期拿出来，他往往一天就编了出来，提前几天打印好发到学员手中。他一点大学者的架子也没有，一有空闲，就到我们宿舍和我们推心置腹地交谈，有时还请大家去他家中做客。

我们结业离开北大时，季羡林先生、金克木先生不顾年老体弱，顶着大太

庆祝建国二十一周年紀念

天安门留念

北京1970

图 2　1970 年 10 月，作者在天安门广场。

阳跑到北京站来送我们，火车开动了，他们还站在月台上挥手致意。

我们在北大，除了政治学习、开会讨论外，额外的政治活动很多。如国庆游行、迎接外宾、野营拉练等。入校不久，我们就接到通知：国庆节要举行大游行，毛主席要在天安门城楼接见大家，从现在开始，进行队列训练。听到这个消息，大家十分激动。一开始，安排我们每周六下午在大操场练正步，“十一”前又集中练了一个星期，腿都肿了，可大家的劲头丝毫不减。国庆游行的前三天，我们就进入了临战状态。晚上，学校的大卡车拉我们到天安门广场彩排。“十一”前一天晚上，卡车拉来了一些崭新的肚兜连裤的蓝色工装和白衬衣，让解放军学员全部换上，参加游行。

“十一”那天，我们凌晨三点起床，每人发了两段香肠、两块面包、一个苹果。卡车把我们拉到东长安街北京站的东边，在那里列队坐下等候命令。游行队伍组织得很严密，三十人一列横队，四十人一列纵队，一百二十人一个方队，十个方队有一辆彩车。北大的彩车体现的是“教育革命”的成果，借调的是当时我国最大的载重十五吨的大卡车。游行由设在天安门城楼上的总指挥调度，命令通过各方阵的步话机传达给大家。马路边搭建了很多厕所，安排了很多茶水供应点。

大约在上午10点钟，扩音器里响起了《东方红》和《大海航行靠舵手》，大家精神为之一振，知道游行就要开始了。大概在11点多，轮到我所在方队过天安门，恰巧碰上毛主席进休息室休息。我们这些解放军学员大都来自祖国边陲，进京不容易，错过今天，再见毛主席的机会可以说几乎没有。所以，大家手挽手站在天安门城楼前，高喊着："我们要见毛主席，我们要见毛主席！"任凭总指挥在扩音器里高声劝导，我们依然定在那里不动。几分钟后，毛主席出来了！我们高呼着"毛主席万岁"往城楼下拥。

工农兵学员上大学，是我国高教之树上的一朵"另类之花"。如今的它虽早已凋零，但它留给人们的思考却是不尽的。

（本文节选自《老照片》第七十四辑，有删减）

蓝色的影子

赵亚安

我的舅舅高梁，抗战末期参加革命，后到解放区从事外事工作。解放后曾任新华社常驻国外记者。在恢复中国联合国合法席位时，出任中国代表团赴联合国先遣小组成员和发言人。曾任中宣部对外宣传局局长、北京大学国际政治学院兼职教授、中国国际友人研究会副会长。我从小在舅舅身边长大，他对我有着特殊的亲情。

多年前的一个寒冷的冬天，我踏着白雪，从学校回到舅舅家去，告诉他我要到农场去劳动锻炼了。他约我第二天到天安门去照相，说是给我送行。

第二天清晨，我早早站在华表下面等他。远远的一个蓝色的影子走入了我的视线。虽然那个特殊年代人们着装都是灰蓝色，我还是一眼就认出了舅舅。他身穿一件深蓝色的制服棉衣，急步朝我们约定的地点走来。看着他走路的样子，我心里隐隐地感觉他的心情就好像他那件深蓝色的棉衣一样黯淡。我心中

作者和舅舅的合影

突然升起一种感动。舅舅强打精神来给我拍照留念，透过厚厚的蓝棉衣，我看见了舅舅对我的一片爱心。我们合拍了一张黑白照片，我始终把它珍藏在我的相册中。我们分手时，我的冻得冰冷的手，深深地被攥在他的温暖的大手中，他深情地看着我的眼睛，四目对视，我竟然说不出一句话来。

我出发的那天，刮着呼呼的西北风，北京站上送我们出京的火车头正冒着热气，站台上人山人海，但是来送行的人却是寥寥无几。许多同学不愿意父母来看到这离别的场面，都独自走出家门。还有五分钟火车就要开了，突然，我看到一个蓝色的影子急匆匆地朝站台走来。出乎我的意料，舅舅来了。我大喊着“舅舅”，不顾一切地飞跑过去，我双手挽着他的胳膊，把头贴在他的宽实的肩膀上。我骄傲地看到了从车窗里伸出头来的每一个人都看见了我的慈祥的舅舅。火车渐渐地离开站台，透过模糊的双眼，我看见那个蓝色的影子在不停地向我挥手，直到他消失在我的视线中。

几年以后，那个蓝色的影子又出现在我的婚礼上。那还是一个北风呼号的冬天的傍晚，我的那个特殊年代的婚礼正要开始，舅舅仍然穿着他那件深蓝色的棉衣缓缓走了进来。我记得他是刚刚从干校回来不久。舅舅的到来，使我心里格外高兴，在司仪的主持下，我们向作为家长代表的舅舅三鞠躬，在一片欢笑声中，把这个极简单的婚礼推向了高潮。

多少年过去了，我常常去看望舅舅，在他家宽敞的客厅里，他穿着柔软的羊绒衣和我们照过不少的彩照，但是，我还是最喜欢我和他在天安门合影的这张 135 的黑白照片。每每翻看这张已经发黄的小照片，那个特殊年代的蓝色的影子就出现在眼前，那件深蓝色棉衣里面包裹的是舅舅对我的点点爱心，一颗金子般的爱心。

（本文节选自《老照片》第四十辑）

我的青春时代

李蔚红

十六七岁时，我是一名知青，在我老家的一个山区插队做农民。那时候我很幼稚、无知、天真，还自以为是，对社会的许多事物只是看到表象而不知其真实的本质。我也经常把眼前的小事情，看成整个的天空。我的父亲在送我到农村时，对我不满地低语，说他做教师的自己还不会教育子女，非要送到农村让贫下中农教育。我当时还挺生气地看着父亲，觉得他有些很落后的思想。

在农村里，我和知青点的几个女孩子，是想拼命干农活把自己变成农民、缩小“三大差别”的。我们穿破旧的衣服，干最重、最脏的农活，推着车子送粪，挑着水浇地；我们真心地同情村子里那些贫穷、病弱的人，经常把自己的钱、衣服、药品送给他们。少年的热情、理想，激发着我们追求进步。那时候，我们简单、纯粹得没有其他的生活向往，没有对以后前途的忧虑。我们认为自己所做的事情是很有意义的，一天天地从小事情做起，有一天就能成就大事业。

作者在天安门广场留影。

我们虽然还满脸稚气，却严格地自律，克制着偶尔流露的娇气、懒惰和私心，让自己早早地迈入了成年。那时候，我相信许多生存的不公正、不平等和不良人性都是可以解决的。每一天，干完了生产队里的农活，筋疲力尽地躺到床上，我们就点起小油灯读《毛泽东选集》，对自己进行检查、教育。《选集》里的好多文章，我们是读不很懂其历史意义的，读懂了的只是一行行的文字。我们也读一些英雄、伟人诗词，气势磅礴或者励志的诗词，给我们许多人生的激励。我们也读一些从家里带去的《钢铁是怎样炼成的》《简·爱》《悲惨世界》《基督山伯爵》《战争与和平》这样的文学作品，读后，总有一些淡淡的生活愿望与忧郁情绪浮现出来，但很快又被艰苦的生活代替了。冬天的晚上，我们住的石头砌的房子透进的霜气，把被子都冻到了墙上。我脚上的冻伤跟鞋袜粘在了一起，暖过来的时候，总是不停地流血水，溃烂成了紫黑色。但昂扬的意志，竟然使我不觉得这一切多么不可忍受。信念给予人的作用，经常是超量的。那时候，我中学的一位老师送我的一个本子上抄的几句话，一直是我们的座右铭：弓，既然举起，就要射出有力的一箭；船，已经开出，就要迎接巨浪与漩涡；人生的路一旦选定，就要勇敢地、出色地走到底！

两年之后，我被选为知青代表到北京开会。在天安门前拍照留念时，我穿着一件破旧的黄军衣，粗粗壮壮的，看上去已经很像一个经历了风吹日晒、农活磨砺的农民了。

时代正在开始改变。我在天安门前站立着，力所不及但努力地想着一些重大的政治、历史问题，想着自己的责任。知青生活的这一段经历，使我此后面对贫弱、苦难者，总要产生同情和责任心。

人生怎样才能真正美好、有意义？我们应该为哪些事物奉献自己的青春、能力？人类社会都被什么推动着？我当时没有学识深解，只有从流行的教育那里得来的一些生活观念、行为模式，只有青春的热情和时代的要求。此后，我用了好多年，才纠正了我早期的许多偏执、幼稚和无知。

两年后，大批知青返城了，在应该离开的时候，我自己要求又多住了一年，直到同我一起的所有知青都走光了。我成了最后的知青。我固执地认为，我还没有实现改变农村的理想。实际上，在我离开农村之后，依然有好多在我们之前，插队到了农村的知青，永远地留在了当地，他们大多是由于已经在农村里结了婚，有了家庭、孩子，难以回到原来生活的城市了。他们才应该算是最后的知青。

我在又一个冬天来临的时候，坐在被割破的手洒上血滴的荒草丛里，听着候鸟南飞的呕呕叫声，突然莫名地俯下头去。我的心里有了一种无边际的寂寞与苍凉。这种感觉已经不止是从我所处的环境中渗透出来，而是从我自己的心灵里渗透了出来。我抬起头来时，已经泪流满面。我的腰在一次劳动时从高处摔下来，摔在一根枯木桩上。此后，劳作不当的时候，总要犯腰痛的毛病。

离开山村的时候，我又去看了我经常在那里劳作的后山。正是春天，满山坡的槐树都开花了，白色的花朵苍苍茫茫的，老远就闻到了风吹送过来的浓郁的香气。我生活过的小山村里的纯朴农民，也像这山野里的槐树一样，一年年耐实、坚韧地生息着。我把他们带进了离开以后的很多记忆里。

在我们每个人的一生中，都会经历些什么？怎样去对待不能自主的那部分命运？怎样去付出自己的努力？我此后时常这样问自己。我成了一个喜欢思索的人。现在，知青已经是中国历史上的一个过往的概念了，但我依然时常回想它，思考它，因为它与我的人生、与整整一代青年的人生有关。它也是我们人类全部历史的一部分。

而我们每个人，都是建筑人类历史的一块材质。

天安门前的老乡兵

亓夏新

照片上的这个兵就是我一面之交的朋友——黄承顺。谁能想到，原来互不相识的人，竟能在长达近四十年的时间里像亲戚一样来往走动，越走越亲。

1979 年国庆节，我和爱人旅行结婚去北京，那是我长到二十六岁第一次去首都北京。几十年前去北京可不像今天一样方便快捷，除了交通的制约外，人们的收入低，在职职工也没有多少休假时间，所以去趟国家的政治文化中心北京，是令许多人羡慕的。记得当时乘坐的是福州至北京的 K45 次快车，一对新人在火车上兴奋的心情溢于言表。到北京在亲戚家住下后，第二天一早就去了天安门广场。

庄严雄伟的天安门和金水桥、华表，以前只是在新闻纪录片、诗歌散文、歌曲里看到、读到、听到，现在我们就站在这里，真真切切地看到，心情无比激动。这是毛泽东主席在开国大典上亲手升起第一面五星红旗的地方。放眼向

图 1　黄承顺在天安门前值勤。

前看，广场、人民英雄纪念碑、毛主席纪念堂，一一展现。尤其毛主席纪念堂外面排着长长的队伍，那是来自祖国各地的人们去瞻仰伟人的遗容。看到这场景真是无法抑制自己的情绪，我对爱人说，我们也要去看毛主席，如果去了纪念堂，这次来北京就太有意义了。但那时去纪念堂有严格的手续，这可把我们难住了。我们俩都不甘心，不能错过这个机会，如果这次进不去，还不知什么时候才能再来北京。我们俩站在金水桥旁，苦苦地想办法。这时我的目光被旁边值勤的一位解放军战士所吸引。他个头中等偏上，标准的立正姿势，一身合体的军装，脚蹬黑色皮鞋，黑红色的脸庞上有几颗青春痘，看起来二十二三岁的样子。他目不斜视，一脸严肃的表情还透着几分憨厚。

我从上到下足足盯着看了他两分钟，我对爱人说："你看这个兵像山东人吧？我觉得像。"

他也说："像，可能是。"

"你去问问，看是不是？"

"又不认识，不好问，要问你去问。"

"咱们一起去。"

我俩便一起走了过去，还是我先开口："同志，打扰了，不好意思问一下，你是山东人吧？"

"是，有事吗？"他严肃的表情温和了许多。

图 2　作者与丈夫的结婚照。

我继续问：“山东哪里？”

“泰安。”

“太巧了，我们就是从泰安来的。”

“你是泰安哪里？”

“满庄。”

图 3　1976 年，黄承顺在毛泽东主席追悼会前布置会场时拍摄。

“哎呀！太近了，我们在市里，相隔不到二十里地，真是遇到老乡了。”

我们兴奋地说道，眼前的这位老乡兵也是一脸高兴。

因为他在值勤，我们不能过多打扰，赶紧说明情况，我们是来北京旅行结婚的，十分想去毛主席纪念堂，但没有介绍信，因为时间紧，又没有别的办法。我们是三线厂的职工，政治上可靠，能不能帮一下我们。老乡兵说：“你们先等一会儿，我值勤结束后找首长请示一下。”我注意到，对话期间老乡兵仍是目不斜视。

我们站在离他不远处，忐忑不安地等待着。他下岗后过了半小时左右向我们走来，一看他的表情就知道这事办成了。他带着我们排队进入了庄严的毛主席纪念堂，我们在水晶棺前瞻仰伟人遗容，发自内心地向开国领袖鞠躬致敬，表达我们对毛主席最真挚的感情。

亲眼见了毛主席，给他老人家三鞠躬，是我们这次来北京的最大收获。这时，我们才知道老乡兵叫黄承顺，是北京卫戍区警卫第一师十三团的一名战士，1976 年 1 月入伍。我们彼此留下了通信地址，便依依不舍地告别了。

返回工厂后，我们很快给黄承顺写了信表达感激之情。没多久，一封北京来信到了我们手上，字里行间中透露着真诚实在。两地书信往来一年多后，1981 年 4 月，超期服役的老乡兵复员了，回到农村老家务农，成了农民。

随着改革开放的展开，旅游业开始兴盛，泰山游客日渐增多，泰山的道教

图 4　金水桥旁的流动哨兵黄承顺。

图 5　黄承顺在泰山碧霞祠工作时留影。

场所碧霞祠急需增加保卫人员。在我们父亲的帮助下，小黄成了“泰山老奶奶”的“警卫”。那时泰山上的条件可不像今天，缺水少电，晚上一片漆黑。一天夜里，小黄在值夜班，虽然山顶的风呼呼作响，但他还是敏锐地听到拉门栓的声音，黑暗处一个大个子抱着东西正要出门，小黄一个健步上去和他扭打起来，虽然他比大个子矮一头，但凭着在部队学到的本领，最终将那人制服并扭送至岱顶派出所。原来，这个大个子是黑龙江劳改农场的一个逃犯，流窜到泰山，趁夜黑风大攀爬上墙，在碧霞祠大殿顶上揭了一块铜瓦，正欲逃窜，被小黄抓了正着。碧霞祠是建于宋真宗时期的大殿，殿顶的盖瓦原是铁铸的，到清代时换为铜铸瓦，每块重达十八斤。若不是小黄拿下窃贼，这将给碧霞祠带来无法弥补的损失。为此，泰山管理局向黄承顺同志颁发奖状，并评他为先进工作者。小黄在泰山工作期间还有许多惊心动魄的故事，如遇劫匪搏斗保护“飞来款”（香客供奉碧霞元君的钱款）等。小黄干保卫工作是临时工身份，他老实厚道，从来不提任何个人要求。后来单位清退临时工，他又主动要求离开，返回了老家。

一年又一年，樱花开了又谢，谢了又开，一晃间，小黄成了老黄。上有父母要赡养，下有两个孩子要盖房娶妻，他家在满庄的一个小山村里，靠承包的小块山地和种樱桃的收入支撑起这个家实在困难不小。他也和无数农村劳动力一样出来打工，我丈夫尽自己所能为他们父子牵线搭桥，介绍工作。老黄有了比较固定的收入，老大厨师学成后去了新加坡打工，后结婚生子，老二也在城市有了自己的家庭，这了却了老黄的心事。

几十年的交往中，我们通过一桩桩小事，感受到黄承顺的淳朴厚道，老实本分。我们的父亲和母亲因患癌症分别于 1997 年和 2010 年去世。在他们患病期间，老黄和我们一样在医院照料看护值班，给老爷子洗脸洗脚，陪他聊天解闷，在老人最难熬的时候给予精神上的慰藉。老太太住院的最后阶段，身体虚弱以致无法去病房卫生间大便，买的坐便器她又用不了，还是老黄想办法做了一个带架子的坐便器解了难题。黄承顺像家人一样和我们一起送走了两位老人。

前年，老黄年届六十退休了，春节前我和丈夫去他家看望，屋内墙上挂着奖状和老式相框，一张张泛黄的照片上记录着老黄的青春岁月和光荣历史。谁曾想到，照片上这个憨厚朴实的山东兵当年曾在北京军区司令员秦基伟家中值勤，在时任解放军总政治部副主任梁必业身边工作，而这些足以炫耀的经历他以前从未和我们讲过，直到现在我们闲聊时才知道。

小黄——老黄，这个在共和国土地上默默奉献的普通一兵，令我感动，令我尊敬。无数这样的普通人推动着国家的发展和进步。

致敬！我们的小黄兄弟。

天安门前留个影

高　伟

2018 年国庆假期，我在家整理照片，竟然一下子翻出了好多与天安门有关的老照片，有的距今已近四十年，真是时光如梭啊，不禁感慨万端。

先说图 1，这是我父亲高焕良（前排右一）1979 年 10 月 1 日，与一起在北京全国总工会干部学校培训的山东组的全体学员在天安门前的合影，照片右侧清晰地写着“三十年大庆纪念”的字样。父亲是个“老煤炭”，当时担任山东省莱芜矿务局工会主席，在全国总工会参加培训的山东组的成员都是山东省各地市、大企业的工会主席。一晃四十年过去了，我父亲已于 2000 年 5 月去世，为了搞清楚这张老照片的背景，我从父亲的一摞日记本中寻找线索。父亲有写日记的习惯，他去世后，他的那些日记本都在我的书橱里存着。经过一页一页地浏览，终于找到了父亲在那天写下的日记。父亲在日记中写道：“1979 年 10 月 1 日（星期一），有小雨，今天是中华人民共和国建国三十周年，为

图 1　1979 年 10 月 1 日，全国总工会干部学校山东组全体成员在天安门前喜迎祖国三十年大庆。前排右一为我父亲。

图2　1979年国庆节后，我二姐去北京看望在全总学习的父亲。这是父亲送二姐回山东时与二姐的合影。

了欢度国庆，我们山东组的全体同志游览了故宫、北海公园、中山公园、前门大街。首都到处人山人海，一片繁荣景象。更有意义的是，我们全组同志还高兴地在天安门前合影留念。晚上，我们在干校看了电视。这样的生活，我一生还是第一次，心情特别高兴。”

从父亲的日记中可以看出，那时候我们国家百废待兴，1979 年虽然适逢“三十年大庆”，但国家却没有进行重大的节日庆祝活动。父亲他们在这一天当中游览了首都那么多的著名景点，说明当时的门票是非常便宜的。在日记当中，山东组成员“在天安门前合影留念”是一件非常“有意义”的事情，再加上晚上“在干校看了电视”（那时候，电视机还没有进入寻常百姓家）。父亲总结国庆日这一天的活动，心中满满的幸福感，他感慨地写道：“这样的生活，我一生还是第一次，心情特别高兴”。父亲的喜悦心情，从合影中“山东组”每个成员微笑的脸上都能看得出来。

图 2 跟图 1 是有关联的。这是 1979 年国庆节后，我二姐高云去北京看望父亲，与父亲在天安门前的合影。据二姐回忆说，当时父亲怕影响他的学习，不允许家里人去北京看望他。二姐未经父亲批准贸然来京，父亲虽很不满意，但“既来之则安之”，父亲就每天给二姐画一张路线图，让二姐自己出去逛。“山东组”一位来自山东惠民地区棉纺织厂的工会主席李玉娟阿姨（图 1 前排左二）很热心，主动解决了二姐的住宿问题，她让二姐晚上跟她挤在一张小床

图 3　我因为热爱文学，曾多次去北京开会。这是 1997 年香港回归前夕，我和妻子在天安门前留影。

上，床边加了两把椅子。二姐在北京待了一周，父亲忙于学习，一天都没陪她逛。临走那天，正好是周日，父亲送二姐去北京站返鲁，路过天安门广场，父女二人就在天安门前合影留念（图 2）。父亲说，到了北京，最重要的事情就是在天安门前留个影，因为这是咱们祖国母亲的心脏啊！二姐喜欢照相，她在北京的一周里，每到一处都要拍张照片留念，那时候照相机是奢侈品，还没有进入家庭，外出旅游都是花钱拍照，一套照片两元左右。二姐拍照留的地址是父亲学习的北京甘家口全总干校，后来照片陆续寄到父亲手中，父亲看了照片是既高兴又心疼，他嫌二姐花钱大手大脚，一家伙拍了那么多照片！要知道，父亲那时候一个月的工资才八十三元啊。

20 世纪 70 年代，有一首流行歌曲叫《天安门前留个影》，有这样的歌词“天安门前留个影，多么自豪，多么光荣”，表达了人民对首都的热爱之情。在父亲的影响下，我们兄弟姐妹的“天安门情结”都是非常重的，哥哥姐姐的旅行结婚的目的地都选择了北京。我是唱着《我爱北京天安门》长大的，参加工作正赶上改革开放的 80 年代，由于我热爱文学，这些年曾多次进京参加中国煤矿文联的文学创作会议。每次进京，我都要去天安门前留个影。在我们家，我去北京的次数最多，父亲在世的时候，总是说我赶上了好时候！

我陪父亲去北京

王庆昌

我生在新社会，长在红旗下，耳濡目染，自幼就形成了热爱祖国，热爱毛主席，向往北京天安门的思想。尤其是，小时候在偏僻的农村，每年能看上两次电影，而每次电影刚开始时，北京天安门闪闪放光芒的形象，使我记忆深刻。从那时起，在我的心底就萌生了长大以后一定要到北京去看天安门的想法。

直到长大后，我在济南一家工厂从事技术工作，才有了到北京的机会。1981 年 3 月，因公到北京出差，临行前我就对这次出行做了计划。我是乘坐夜间火车到的北京，下车后正好是上班时间，就急忙前去要办事的单位，还算顺利，用了半天的工夫就把事情办完了。于是，我按照计划直奔天安门广场，先排队到毛主席纪念堂去瞻仰毛主席遗容，然后到天安门广场拍照留念（图 1），再到故宫去参观国宝级的文物和钟表馆、御花园，晚上乘火车返回了济南。

几天后，在天安门广场拍摄的照片寄到了我手中，我非常高兴和激动，于

图 1　作者在天安门前留影。

是，我把这幅照片寄给在农村的父母，和他们一起分享这份喜悦。很快，父母回了信给我，信中他们为我感到高兴，并说他们也想到北京去看看，去看看天安门，去看看毛主席。而带父母一起去北京，这也是我多年的愿望。

父母出生在旧社会贫苦的农民家庭，一直过着半饥半寒的日子，直到解放后，才过上了当家做主的生活。所以，父母从小就教导我们要好好学习，长大做个对社会有用的人，父母亲打心眼里拥护共产党，热爱毛主席。

此时，父母已是六十几岁的人了，为家庭操劳了大半辈子，子女都成家立业。全家人的生活越来越好，是应该让他们到外面走一走，看一看了。由于我和爱人工作都很忙，带父母去北京的事，只好一拖再拖。然而天有不测风云，母亲于 1982 年 6 月突然离世，噩耗传来，就像晴天霹雳，我急忙回家奔丧，办完了丧事，安顿好父亲的生活，并对父亲说："我一定陪您到北京去看天安门，去看故宫。"回到济南后，我就把父亲的愿望当成了我的头等大事，怎么才能积攒出一个星期的时间陪父亲去北京呢？我把想法告诉了单位领导，得到了单位的支持，我用星期天加班的机会来换休，这样经过两年准备终于累积了七八天的休息时间。我写信告诉了父亲，父亲接到信后就到济南与我会合。由于我爱人工作太忙，实在离不开，只好由我带着父亲和儿子去了北京。

1984 年 10 月，我们乘坐夜间的火车，天亮就到北京了。吃完早餐后我们三人就去了天安门广场，先是到毛主席纪念堂排队。当父亲瞻仰到毛主席遗容时，泪水早已挂满脸庞，他用手绢擦去泪水并对我说：“毛主席他老人家在安详地休息，毛主席永远活在我的心中。”

走出毛主席纪念堂，首先看到的是人民英雄纪念碑。我们三人围着纪念碑转了两圈，父亲非常仔细地观看了“人民英雄永垂不朽”的大字，并说毛主席的字写得苍劲有力，而底座周围的人物雕塑活灵活现得像真人一样。我四岁多的儿子好奇地问这问那，我都一一解答。在天安门的右旁是人民大会堂，左旁是国家博物馆，在天安门的中轴线的最前方是前门。我们三人边走边欣赏这些雄伟高大的建筑，用了大约一小时在人民大会堂、前门、毛主席纪念堂、国家博物馆转了一大圈，最后到了天安门前。站在金水桥上，仰望天安门，首先看到的是毛主席的巨幅画像。父亲对我说，你看毛主席时，他总是在看你，好像是毛主席真人在看你。跨过金水河，我们到了毛主席的画像前，毛主席还是在看着我们。父亲说这是毛主席对每个中华儿女的关心，也是对每个中华儿女的热爱。

随后我们回到天安门广场，找到拍摄照片的最佳位置。这里拍照片的人很多，我拿出了自带的 120 相机，请人为我们三人留下了美好的瞬间（图 2）。然后返回天安门前，通过天安门通道过午门进故宫参观。父亲进了故宫，见到金碧辉煌的雄伟建筑感叹道：这么宏大的建筑是怎么建成的！我们的古人是怎么建设的！我对父亲说，故宫已经有六百多年的历史了，是明朝皇帝朱元璋的

图 2　作者与其父亲、儿子在天安门前合影。

四子朱棣，在他继位后把首都从南京迁到北京，历经二十多年的规划建设建成的皇宫。东北的满族人推翻了明朝，建立了清朝，保留了明朝的皇宫，继续作为清朝的宫殿，再后来历经北洋军阀、国民政府、日本侵占等时期，随着北平和平解放，故宫被比较完整地保存下来。解放后经过整修，重新开放，供世界各国人民参观游览。在太和殿，也就是金銮殿前，我为祖孙俩拍下了合影（图3）。我们继续观赏故宫的其他宫殿，到后宫和御花园，出北门到了景山。父亲问我，景山是不是明朝最后一个皇帝上吊的山？我说是，他说要到那个地方去看看。我们先登上山顶，观看了故宫的全貌，看到故宫周围的护城河，西面的白塔寺和北京的市景，下山到明朝崇祯皇帝殉难处。父亲说，兵败如山倒，一个皇帝抵抗不住清军的进攻，这就是改朝换代。民国推翻清朝，共产党打败了国民党反动派，建立了新中国。现在共产党把国家治理和建设得这么好，我们要永远地跟着共产党走。

第二天，我们三人来到了颐和园，观赏颐和园的古建筑群，参观了清朝皇帝在颐和园的行宫、大戏楼，在有麒麟的大殿前给祖孙俩拍照（图4）。传说麒麟是神兽，摸一摸麒麟会带来好运，会带来平安吉祥。沿着万米长廊到了石舫，石舫是清朝乾隆年代建造的，把既有中国风格也有西洋风格的石舫建造在水中，供皇帝贵族在这里消闲玩乐。看到石舫的精美造型和精雕细刻的图案，父亲赞不绝口。然后去登万寿山，在登山的路上，我问父亲，昨天参观故宫已

图 3　祖孙二人在太和殿前留影。

图 4　祖孙二人在颐和园留影。

图 5　作者的父亲在十七孔桥上留影。

经很累了，今天再登万寿山是否很累。父亲说：“不累，不累，来看这么好的美景，我一点都不累，我的精神好，就不累了。”在万寿山上观赏了万寿塔，在万寿塔的塔身上，每个小洞都有尊精美的佛像，而且造型各异，活灵活现。在山顶我们眺望昆明湖，湖上游船来往穿梭，我们下山来到湖边的船站，乘船到了南湖岛。在南湖岛旁的十七孔桥上，给父亲拍照留念（图 5）。在十七孔桥上远眺万寿山，万寿山上绿树成荫，万佛塔和其他古建筑清晰可见，好一幅美丽的风景画。沿着十七孔桥，我们到了昆明湖的南岸，沿着南岸我们观赏了一路的美景。我看了景点的介绍后，再讲给父亲听，父亲总是称赞有加。游览完颐和园，父亲问我，还有哪些好地方？我说：“好地方还有很多，明天我带你去天坛、八达岭长城。最好的地方是圆明园，但是英法联军把圆明园的宝物都抢走了，所有的建筑也都烧了，现在只剩下一片废墟。或许等我们国家更加富强时，会再按原样建造起来，那时咱们一块再来看圆明园。”

第三天，我们去了天坛公园，在祈年殿前留影（图 6）。天坛是皇帝祭天的地方，祭天是每年必须举行的一项重大活动，皇帝对话上天，要风调雨顺、五谷丰登，让天下臣民粮食丰收，臣民们有饭吃、有衣穿，祈求上天保佑人间没有自然灾害、社会平安。然后我们到天坛的圜丘，这是皇帝认为人间最高的地方，这个地方离上天最近，传说在夜深人静时，在这里可听到玉皇大帝的声音。我们到回音壁、三音石，我在回音壁的远处说话，让父亲和儿子一起听，

图 6　作者与其父亲、儿子在天坛留影。

是否能听到我的声音。试验开始，我大声说话，他们把耳朵贴在回音壁上，就听到了我的声音。儿子听到我的声音，就大声地喊爸爸，我也听得很清楚。在三音石前一拍手就能听到三个拍手的声音。这些建筑都是古人利用声学原理建造的，增加了建筑物的神秘感。据说皇帝可以与天上的玉皇大帝对话，只有皇帝能听到玉皇大帝的声音，树立了皇帝至高无上的权威。随后，我们还游览了皇穹宇、丹陛桥等大殿。

第四天，我们从前门乘坐北京一日游的中巴客车到八达岭长城参观游览。到了长城，我们跟着导游在长城的景点拍照留念，拍了几张认为很好的照片，回来冲印，不知道什么原因，相机没有曝光，冲出来的胶片全是黑的，真是遗憾！我对父亲说，有机会我们再一起去长城，我为您拍照。父亲说："去了北京我已经很心满意足了，还给我拍了这么多的照片，我比咱们当地的同龄人都幸福，他们都没有到过北京，我到过北京，回去后我一定把在北京见到的美景讲给乡亲们听，让他们分享我在北京的快乐。"

第五天，我们三人结束了北京之行，圆了父亲去北京的梦，顺利返回济南。

姥爷最大的心愿

阚 焱

我的姥爷叫李志新，1926 年出生于济南，早年受过良好的教育，写得一手好字。抗日战争末期，姥爷还未成年，就毅然弃笔从戎，扛起枪在祖国南北征战；新中国成立后，他又继续用笔杆子为祖国的经济和教育事业增砖添瓦。

1985 年离休前，党组织谈话时，姥爷提出了一个未完成的心愿——去北京，看看天安门城楼，瞻仰伟大领袖毛主席的遗容。组织上批准了这个老共产党员的请求，考虑到姥爷的身体状况，还安排了家人一同前往。当时姥姥已退休，他们的小女儿，也就是我的妈妈还没有结婚，于是三人一起来到了北京，在天安门广场拍下了这张珍贵的照片，直到 2011 年姥爷去世，它一直摆放在姥爷写字台前醒目的位置。

小时候，我最爱跟表哥们一起围坐在姥爷身边，听他讲过去的故事。姥爷是山东平阴栾湾乡人，参加革命后，在山东泰西黄河两岸打游击。抗日战争胜

姥爷、姥姥和母亲在天安门前合影。

利后任东阿镇镇长，解放战争初期又带领地方武装参加了翻身团，成为刘邓大军一纵杨勇麾下的一名战斗指挥员，参加过鲁西南等多场战役，并多次立功。在随刘邓大军挺进大别山攻打安徽亳州城的战斗中，姥爷头部两处中弹，一只眼睛失明，身上也多处受重伤。姥爷被安置在地方休养，在地方政府的精心照料下康复，之后回原籍继续领导地方开展革命工作。

20世纪50年代中后期，国家大力发展工矿业，姥爷服从组织安排，被抽调到肥城矿务局筹建矿井，先后担任了矿务局党委办公室主任和建井工程处书记，为煤矿发展做出了突出的贡献。“文革”期间，不计个人得失坚持工作。“文革”后调任肥城矿务局中学任校长，直至离休。

离休后，姥爷继续发扬共产党员的先锋模范作用，积极参加退休支部的各项组织活动。记得每年肥矿集团最重要的工作会上，姥爷都会作为老干部代表出席会议，积极参与讨论，为煤矿发展建言献策。

姥爷的一生，经历了战乱的苦难，也经历过改革开放的腾飞，安享晚年的他，常常向我们讲述他亲历的祖国巨变，内心的幸福和满足溢于言表。六十多年，他一直兢兢业业地为党工作，无怨无悔，唯一的心愿恰是一位老党员对党的领袖的尊敬和对祖国首都的向往，这种精神深深地感染着我们。

爱是最美的心愿

丁春林

“灿烂的朝霞，升起在金色的北京……”我十岁的时候，居住在矾沟街上。那时，博山陶瓷厂广播站在每天早上我还在被窝里时，就会听到播放李光羲老师的这首《北京颂歌》。

后来，在学校里陆续学会了《雄伟的天安门》《挑担茶叶上北京》《我爱北京天安门》等很多首关于北京天安门的歌曲。童稚的心，一次次激起要去北京，要去看看天安门的冲动。其实，出生于60年代的我们这代人，几乎没有不向往天安门的。天安门在我们的心目中是祖国的象征，人民的骄傲，是神圣、雄伟、壮丽的。

幸运的是1981年冬天，参加工作不久的我就有机会去北京出公差：跟随厂办公室主任陈汝顺去北京购买乐器。这可是我第一次去北京啊！得知这个消息后，我激动得几天都睡不着觉，心早已飞到了北京。记得那时，去北京

图 1　1981 年，丁春林在天安门前留影。

图 2　1986 年，丁春林与妻子魏秀云结婚时到北京在天安门前留影。

的车票非常难买，我们只好先到天津再转车去北京。一路上，我都处在兴奋状态。当列车缓缓进入北京站的时候，我感觉自己激动的心快要跳出来了。一出站，我就和陈主任商量：咱们能先去天安门广场看看吗？大概陈主任跟我是一样的心情，他爽快地同意了。于是我们马上坐上公交车，直奔天安门广场。

冬天的风似乎在经过天安门的时候变暖了，站在天安门广场上，我似乎周身都在出汗。从远处看到日夜想念的天安门，我流下了激动的眼泪，似乎不相信自己的眼睛,这就是天安门吗？我真的来到祖国的首都了吗？疾步向前走着，环顾四周，经常从照片上、电影上看到的人民大会堂、人民英雄纪念碑、天安门、金水桥、华表，等等，都是那样亲切，那样令人神往。广场上等待留影的人排起了长队，为了多拍些照片，我俩租赁了一台友谊牌120双镜头照相机，买了两支胶卷，并让照相的师傅帮我们设定了光圈、快门时间。因为对焦、构图我还略懂一些，就这样，我们在广场四周都留下了难忘的影像。虽然是租来的照相机，挎在身上依然感觉神气十足。那个时候会使用照相机的人毕竟是少数，因此能自己拍照，总觉得很自豪。每到一个景点，就尽量与专业摄影师沟通，以求得曝光准确。

1986年我结婚的时候，再次去北京旅行，买不到坐票就站在拥挤的火车上，十几个小时都不觉累。下了火车我和妻子不顾旅途的劳累，带着行李直奔天安门广场。这次我们带着照相机和三脚架，并弄上自拍，首先在天安门前拍了张合影（图 2）。今天再看看那照片，影像里荡漾着甜蜜与幸福，快乐与骄傲。

2005 年女儿考大学，为了加分上名牌大学，她高三学习最紧张的时候，去了清华大学考中央民族乐团。这是女儿第一次去北京，本来考完必须马上回家，但女儿强烈要求要去看看天安门。我们只好把归程推迟。到了天安门，激动的女儿一个劲儿问妻子：这是天安门吗？这是天安门吗？高兴得不知说什么好。我想 1987 年出生的孩子也如此热爱天安门，看来是受我们这代人的影响吧！或者说，每一位中国人都是如此热爱着祖国的首都，热爱着中国。

2016 年 10 月，为了纪念三十年的“珍珠婚”，我们夫妻俩再次来到北京，重温甜蜜时光。在天安门广场上，我打开三脚架，找到三十年前我们合影的位置，再次激动地按下快门（图 4）。在那一瞬间，顿时感到三十年仿佛如昨，弹指间我们穿越了时空，之前的情愫也随之涌上心头。天安门依旧，我们虽然两鬓斑白，但是，爱之心却从未改变！

三十年来，我们从 1986 年居住的两间平房，到 1989 年搬进了工厂福利分配的宿舍楼房。从一室一厅四十平方米的小房子，到 2000 年搬进了一百多平方米的商品房。房子越来越大，生活越来越好。再看看自己听音乐的器材也发生着巨大的变化。1985 年我购买了收录机，那清晰的声音，让我体验到了

图 3　2005 年，妻子魏秀云与女儿丁巍在天安门合影。

国家改革开放带来的进步。1990 年，北京的朋友帮我购买了日本进口的山水 B1000 组合音响，听上了声音更加清晰的 CD 激光唱片，真是不可思议。2000 年搬新家，又购买了家庭影院音响，享受到了 DVD 带来的视听效果，感受到了高科技的先进，让人不禁感叹科学技术的飞速发展。

当然，社会的发展，社会的进步也让我们从国家的主人翁、工人阶级领导一切的地位，落魄到下岗失业、束手无策的地步。可以说，我们这代人既感到了改革开放的优越，又受到了改革带来的阵痛。1997 年我们夫妻双双下岗，生活没有了经济来源，窘迫难堪。我想这就是人生，社会如此，人生也如此，社会的发展谁也阻挡不了。在困难面前，我们老百姓依靠自己，敢于忍辱负重，不畏艰辛，努力向前。

天安门见证了我们的“珍珠婚”。三十年来，我和妻子一起感受到了女儿带给我们的欢乐；我们一起见证了自己所在工厂的兴旺、衰败；我们一块失去了工作，我们一块下海经商，共同经营起了金弦音响唱片行。我们不畏艰辛，共同担当，不知不觉到了退休的年龄。细细品味这“珍珠婚”，一万九百五十多个日日夜夜，普普通通，简简单单，相濡以沫，不忘初心。我们深知“朴素的岁月一样潇洒，平凡中有伟大”。

回眸三十年，那一个个耐人寻味的镜头，就像一条珍珠项链浑圆、美丽和珍贵。所有的快乐与辛酸，都是用一根相知的丝线穿起。有位哲人曾经说过，

图 4　2016 年，丁春林与妻子魏秀云在结婚三十年“珍珠婚”之际，重返天安门前留影。

“婚姻就是恩恩爱爱了一辈子，吵吵闹闹了一辈子，忍忍让让了一辈子”。回想过去，的确有许多奇妙的感觉，既感动又忧郁，既甜蜜又苦涩，种种滋味一样的深，一样的重。

今天的天安门前更是人流如涌，在天安门前留影仍然是人们的第一选择。天安门见证了国家的发展变化，见证了我们的人生历程。在新中国七十周年华诞之际，我们更加坚信祖国越来越强大，人民越来越幸福。

老姐妹天安门前的合影

庞守义

在国人心目中，天安门广场是“祖国的心脏”“最神圣的地方”。通常遇到节日，或者亲朋好友相聚时，往往去天安门广场照相留念，尤其是在 20 世纪七八十年代，俨然是一种时尚。

1986 年 5 月，我在北京采访孔子第七十七代嫡孙、全国政协委员、孔子基金会副会长孔德懋老人时，在诸多的采访活动完成后，已届古稀之年的孔老忽然充满深情地对我说，她自 1934 年嫁到北京，已经半个多世纪了，虽然天安门广场是常去的地方，但这次去照相她要带一个特殊的人一起，那就是她儿时的伙伴、弟弟孔德成乳母的女儿张培英老人。不久之前，孔老把张培英从老家曲阜接到北京小住，昔日的主仆关系，而今已变为亲如家人的姐妹。

我们到达天安门广场后，这位梳着家乡旧式发髻，留着肥大裤脚的农村老妇人，在孔老的搀扶下，虽步履蹒跚但兴致勃勃地漫步游览。孔老一一详细地

中华人民共和国万岁
世界人民大

向她介绍："这是人民大会堂……这是英雄纪念碑……"并在庄严的天安门前合影留念。同是古稀之年的张培英含着激动的泪花，操着地道的曲阜口音，喃喃地重复着："来到了天安门广场，好像是在梦中……"

从天安门广场回到孔老家中，她拉着老姐姐的手，促膝坐下，回忆往事。在娓娓道来的乡音中，遥远的童年生活，如一幅长长的画卷展现在眼前。

1919年秋，七十六代衍圣公孔令贻先生到北京承办一项公务，突发疾病，辞世在异乡。孔德成作为遗腹子，于次年正月在孔府出生，成为七十七代衍圣公的唯一世袭继承人。不幸的是，仅仅出生十七天，孔府雪上加霜，他的生母王宝翠去世。孔府的主事人紧急择选乳母来喂养幼儿，曲阜县农村一家张姓的贫家妇女正在哺乳期，因其身体健康和乳汁丰盈被选中，做了孔府的奶妈，并带着五岁的女儿张培英住进了孔府。自此，张培英跟孔德懋姐弟相处了十多年，成为儿时的伙伴。

孔德懋带儿时伙伴张培英一起游览
天安门广场。摄于1986年5月。

孔老感慨地说："那时候天真无邪，几个孩子在孔府后花园追逐嬉戏，捉迷藏玩。我们拉着德成的手，在假山的山洞里钻进钻出；在后堂楼的抱厦里，用红丝绸条打扮起来，比划比划，咿咿呀呀学唱戏；黄昏落日，古树归鸦，我们携手漫步在放学归来的小径上……到了十七岁，我远嫁北京，姐姐孔德齐不久后病逝，弟弟孔德成后来去了台湾……如今一别五十载，相逢泪满巾。在这漫长的岁月里，风云变幻，人世沧桑，我不论走到哪里，不论处在怎样的境遇，故乡和亲人始终牵绕着我的梦魂，古稀之年重温童年的情趣，深切体味骨肉同胞的离情别绪，别有一番滋味在心头。我期盼着弟弟从海外归来，骨肉团聚。"

知识改变命运：我的天安门记忆

阚文涛

20世纪60年代，我出生在沂蒙老区，上小学的第一课学的是“毛主席万岁”，看到的第一张画便是课文中的北京天安门。亲眼看看天安门城楼，是我从那时起最大的心愿，大概也是我们那一代人共同的愿望。

从上小学一年级到初中毕业，学校一直搞勤工俭学，割草、积肥、拾麦穗，热爱劳动是学校培养学生的标准，由于招生名额限制，小学升初中、初中升高中乃至上大学都是按劳动成绩，由贫下中农推荐才能升学。为实现理想，改变命运，我们拼命参加劳动。

高中毕业时，赶上恢复高考，我们懂得了知识能改变命运、实现理想的道理，我们那一代人也才真正开始了知识的学习。

由于我的父辈在煤矿工作，我们家有幸获得了一名招工指标，父亲把当工人的指标给了我。其实当年我是有希望考上大学的，犹豫不决时，父亲说：“当

作者在天安门广场。摄于 1986 年 5 月。

了工人也还能考大学。”于是，我扛了一大包考大学的书和复习笔记等学习资料，参加了工作，成为了一名煤矿井下一线工人。

参加工作第二年，我顺利地考上了山东矿院函授本科，成了一名半工半读的大学生。当时我并不知道函授是半脱产学习，面临着工作与学习的双重压力。参加学习的同学情况和我基本相似，我们一班二十几名同学互相鼓励，克服了工作与学习的矛盾，圆满完成了学习和生产任务。坚持到五年半函授学习毕业时，学业与事业均小有收获，我们全班同学一起商议，决定毕业旅行去一次北京，看一看心中的天安门，也作为对自己的奖赏。在学校领导和老师的协调下，我们全班集体实现了去北京的愿望。

毕业以后，我们班的同学们工作都非常出色，陆续走上了煤矿行业的领导岗位，后来有的去了北京工作，有的经常去北京出差，但当我们在一起回忆往事时，第一次去北京，在天安门前拍照留念的激动心情仍记忆犹新。这照片是我的天安门记忆，也是我的同学们乃至我们一代人共同心愿的承载，更是我们用知识和努力改变命运的最好的记录。

和儿子一起到天安门

叶振华

20 世纪 80 年代的北京，小朋友们都喜欢当警察，也喜欢戴大盖帽，因此儿童警服警帽很畅销。我儿子也不例外，从小就喜欢玩枪，家里买了好几把枪，并且配备了一顶警帽。

因为我那时住房仅有一间不到 10 平方米的小东屋，孩子没处可玩，所以我只要没别的事，星期天必定带他出去到处游玩。长城、故宫、颐和园、天坛都带他去过，天安门广场和北海公园更是常去。那时候的天空总是瓦蓝瓦蓝的，将天安门作背景照相当然也是必选的。

1986 年 8 月，我又一次在天安门广场上给五岁多的儿子照相，当他看到一个外地的小朋友正在那里玩飞机，就自说自话地凑过去，和那孩子一块儿玩起来了。我觉得挺有趣，就按下了快门，将这充满童趣的瞬间定格下来。

80 年代中期，中国老百姓还没兴起旅游热，到北京来的外地人很多是在

图 1　儿子在天安门前的留影。摄于 1986 年 8 月。

图 2　在广场与偶遇的小朋友一起玩飞机。摄于 1986 年 8 月。

图 3　儿子在人民大会堂前留影。摄于 1986 年 8 月。

图 4　儿子在天安门前的留影。摄于 1987 年 6 月。

出差、探亲、转车或看病之余顺便游玩一下。也许是天气炎热的缘故，那天广场上人很少，我以人民大会堂为背景给儿子照完相之后，带他到大会堂跟前转悠。走到东南门旁边，有个解放军战士腰上挎着把手枪在那儿站岗。儿子走过去，仰脸叫了声“解放军叔叔”，那年轻的战士友善地回应了一声。儿子举起手，轻轻地摸摸枪套说：“枪！”露出喜爱的神色。这时候让我绝对想不到的一幕发生了：那位小战士竟然取出手枪递给我儿子。儿子刚一接过手枪，差点没掉到地上，不禁失声叫起来：“好重！”原来他拿惯了家里的塑料假枪，哪里会想到真枪是什么分量！

三十多年前，北京的安宁与和谐给我留下了深刻的记忆。1984 年，国庆游行的北大学生打出一幅“小平您好”的横幅激动了多少人！

追梦天安门

刘仁波

很小的时候就有一个梦想，那就是有朝一日一定要去瞻仰一下北京天安门。

其实，像我们这些20世纪50年代出生的人，大多数都有这一愿望。这是因为，自打我们懂事时起，每天通过家人、老师的口中和广播、电影等节目中耳濡目染，就对天安门有了深刻的印象，知道了天安门是毛主席向全世界人民宣告“中华人民共和国中央人民政府今天成立了”的地方，是共和国的象征，是爱国主义教育基地。她令亿万华夏儿女景仰和向往！

天安门，深深地印在我幼小的脑海里。但是，那个时候家庭经济拮据，去天安门的梦想是无法短期内实现的。于是，我经常缠磨去过北京的大人和同学，请他们给我讲讲天安门的事情，在他们的描述中，感受着幸福，寻找着快乐。同时，我还四处收集书报、宣传单等上边的印有的天安门图案，经过细心裁剪后按大小顺序装订成册，闲暇时翻看几遍。另外，我还找来了长方形木块，用

图 1　1971 年冬，作者的姐姐从东北去南方完婚，路过北京时，专程去天安门广场，花了一元钱，留下了这幅黑白照片。

钢锯条磨成的刻刀，雕刻了数十枚天安门图案印章，经常盖印在我的书本上。我每天都能看到自制的“天安门”，也算是小小地满足了心中所念。可惜的是，后来的一次转学搬迁中，图案本和刻章都丢失了，着实让我难过了一阵子。

参加工作以后，就更加想去天安门了，但当时的经济条件和工作时间都不允许。好在我从事的是宣传工作，日常能接触到很多介绍天安门的文字和图片，加之 80 年代电视机开始普及，在影像中我见到了天安门，让我稍感安慰。

终于，1988 年 5 月间的一天，正要下班的我突然接到了上级通知，让我于翌日凌晨和其他单位的几位同事组团去北京，参加由中华全国总工会举办的全国农林企业工会主席学习班。接到这个通知，我喜出望外，手舞足蹈。回到家后，久久难眠，起来，躺下，躺下，起来，真的体验了一把“夙愿即将实现，安能心潮平伏”。好不容易熬到了黎明时分，便急匆匆赶去与同事会合，乘汽车，换火车，辗转五省，行程一千七千多公里，历时三十多个小时才到了北京。

在学习处报到后，顾不得旅途劳累，满心期待而又心急如焚地来到了我日思夜想的天安门前。抬头仰望，这座传承着文明，见证着历史的朱红色城楼是那么气魄雄伟，富丽堂皇。巨幅老主席画像悬挂在门正中上方，两边是立体标语——“中华人民共和国万岁”和“世界人民大团结万岁”。登上这座城楼远眺，首都景色尽收眼底——东西长安街笔直平坦，车水马龙，广场宽阔整洁，人头攒动。坐落于广场东侧的国家博物馆和西侧的人民大会堂遥相呼应，毛主

图 2　1988 年 5 月，作者（后排中间者）第一次去北京时，与同仁在天安门前留影。

图 3　2007 年 7 月，作者带孙子去北京。这是观看了广场升旗仪式后，与孙子在天安门前的留影。

席纪念堂、人民英雄纪念碑与天安门呈中轴线，依次展开。这让我迸发了热血沸腾、心驰神往的激情……

学习班结束后，我又利用一整天的时间，更加细致地游览了天安门及广场四周，拍下了很多有纪念意义的照片。

这次天安门之行，了却了我多年的心愿，但又激起了我的眷恋之情。

2008 年北京奥运会前期，我乘飞机到了北京，又一次来到天安门前，天安门及周边地区又有了新的变化，但见新粉刷的天安门城楼更加绚烂夺目，金水桥上不同肤色的面孔喜笑颜开。1987 年兴建并使用的广场东西两侧的主副地下通道，人流如潮，原前门箭楼边的绿地上又新栽了很多高大的树木，并开辟了人行空间。广场东南侧区域沿街杂乱的建筑和零碎无序的街面得到了整治，迁移或取缔了占用广场空间、影响市容的较小、档次较低的店面。国家大剧院西侧路、南侧路将被打通，天安门广场中部的地面人行通道改为地下人行通道……

2018 年国庆节前夕，我带家人行程一千多公里，再次来到了天安门前。首先，映入眼帘的是披上盛装的天安门城楼，繁花似锦的广场，笑容满面的人们，五彩缤纷的灯汇，一派和谐景象。而我手中的数码相机随着激动的心情，“啪啪啪”地拍个不停。

其实，我这次之所以带家人来北京天安门，就是想将自己对天安门，对祖国

图 4　2018 年，作者带家人重游天安门。这是作者妻子与小孙子在天安门广场游玩时留影。

图 5　2018 年，作者妻子和小孙子在前门大栅栏游玩时留影。

的情感传承下去，让我的孩子们通过亲身体验，感受天安门和祖国与个人之间的情感相连，铭记过去的历史，珍惜现在的生活，展望未来的前程。

从 1988 年至今三十年中，我几乎每两年就会到天安门前瞻仰，每次都有不同的感受，每次都是对心灵的洗礼。

共和国从一穷二白到如今 GDP 总量居世界第二，从“小米加步枪”到航空母舰下水，从“洋火”“洋钉”需要进口到“神舟”“天宫”成功升天。老百姓从挣扎在饥饿边缘到解决温饱迈向小康，衣着从“黑蓝灰”到多姿多彩乃至个性化，住房从泥坯草屋到高楼大厦，出行从步行、骡马车到私家车、高铁、飞机，通信从写信、拍电报到网络视频……

天安门见证了祖国走向繁荣富强，见证了老百姓的生活蒸蒸日上，她是我们与祖国情感的纽带。

对两张照片的记忆

崔方春

2019 年 2 月 18 日，接到《老照片》编辑部的约稿通知。2 月 21 日，我从几十本相册中，喜出望外地找到了与独生女儿在天安门广场拍摄的两张照片。瞬间，它仿佛把我带入了情愫缱绻的二十七年前，引发了我梦魂萦绕的无尽回忆。

时　间

照片，摄于 1992 年 7 月 16 日上午。

那年，我四十岁，就职于省城一家大型国有商业银行并主持一个部门的工作，正值精力充沛的人生年华。

那年，女儿十岁，一个不谙世事的阳光女孩，在济南市经五路小学读完三

图 1　作者女儿在天安门广场留影。

年级。

那年的7月12日，学校正式放暑假。7月15日，我们乘一辆金杯牌面包车与朋友一起到了首都北京，住进距长安街不远的西城区的一家酒店。这是女儿第一次到北京，也是第一次出远门，晚上睡觉还在吵着找妈妈。

7月16日早饭后，作为必去的第一站，我们父女匆匆赶到了具有国家象征地位的天安门广场。那天，偌大的广场上游人不是很多。虽无风无雨，但天色阴沉，说不清是雾还是霾，反正天色亮度不够。高高旗杆顶端的五星红旗沉重地低垂着，远没有平时迎风飘扬的抖擞。女儿不懂，但我心里却明白，这是苍天对无产阶级革命家、卓越的党和国家领导人、周恩来总理夫人邓颖超大姐逝世的深切哀悼。

细　节

照片，用我自带的一架很小的傻瓜相机拍摄。女儿背对天安门城楼的那张（图1）出自我手，实在是无技术可言，孩子的双脚都没有拍全。我们父女的合影（图2），是请人代劳完成的。但仓促之间，把一位游人拉入了近镜头。也许是上述原因，这两张照片没有展现父女俩平日里的灿烂笑容，女儿也没有天真烂漫的童趣。

图 2　作者与其女儿在天安门广场合影。

拍完照片，我欲陪女儿去参观人民大会堂，但售票处通知因有重要活动不予开放。女儿的小嘴立即撅了起来。

不过还好，毛主席纪念堂是开放的。在排队瞻仰过程中，我和女儿讲了毛主席在我和全国人民心中的地位、我对他老人家的感情，特别是一些他对中华民族伟大贡献的故事。她对毛爷爷的深刻记忆，大概是从这天开始形成的。

而后，我们父女又打算登天安门城楼，观赏广场全景，但因“有任务”而暂停开放城楼，让我和女儿抱憾离开售票窗口。

上午的最后一站，我们参观了故宫博物院。也许是孩子有点儿累了，也许是由于年龄偏小看不懂故宫的名胜古迹，父女俩沿故宫中路走了不到三分之二，女儿便打起了退堂鼓。无奈，我只好顺从了她。

变　化

从 1992 年至 2019 年，整整二十七年。这二十七年，我们伟大的祖国发生了翻天覆地的变化，我的女儿和我的家庭也出现了不曾料想的变化。

女儿从一个小学三年级的学生，经过初中、高中的培养，2001 年 5 月自费赴加拿大留学。她用四个月攻克“语言关”，用不到五年时间获得卡尔顿大学经济学荣誉学士、统计学学士双学位。2007 年 6 月，又获得该校经济学硕士学位。如今，她在一家国有商业银行省级分行从事风险管理工作已逾十二年，并已成为两个女儿的妈妈。

我也从一个中年职业男性蜕变为近于古稀的老者，2012 年初离开工作四十一年的金融职业岗位，与妻子一起尽享含饴弄孙的快乐。

当然，我家物质上的变化更大：

住房从那时的建筑面积七十平方米，逐步调整到了现在的二百余平方米，在市郊和海南还有自己的“小窝”。女儿自立门户。闲暇时光，他们四口会回来“蹭”顿午饭晚饭，一家人其乐融融。

当年未曾想过自己能拥有的汽车，现在成为一人一辆的代步工具。自己有事，抬脚就走，谁也不用求谁。

日常的吃穿用，就跟那时过年一样，幸福、自然而美好……

天安门照片的故事

李云鸿

天安门这一符号的多义性，在中国好像还没有其他地标建筑能超过它。曾经皇权所在地，自一百多年前清王朝倒台开始，随着五四运动的爆发，尤其1949年中华人民共和国的建立，天安门的政治意义越来越大于它的文化含义。70年代，儿童歌曲《我爱北京天安门》广为传唱，天安门在国人心目中愈发神圣，而身为北京人随时能参与到在天安门广场搞的活动，不能不说是一种荣幸。随着改革开放的深入，天安门的政治活动渐渐少了。改革开放不仅让越来越多的外国人到中国旅游，也让钱包渐渐鼓起来的中国人有钱旅游了，北京自然是国内外游客在中国的首选旅游地，而很多人到了天安门一如实现了夙愿一般。在日常情况下，天安门广场接纳来自各地，乃至各国的人物越来越纷杂，而广场的氛围也越来越轻松，尤其改革开放初那几年，在广场做小生意、卖大碗茶，乃至搞时装秀的各种经济、文化活动层出不穷。

中国摄影在1976年以后的十年左右，虽能接触到一些国外摄影，但在总体上对摄影题材的认知上还是缺乏一个大国应有的广泛性，那时像我们这类普通人学摄影，能找个照相馆师傅纯粹在技术上传帮带已经很荣幸了，至于，影像文化，摄影历史，摄影与历史、社会等方面的关系不仅没有认识，甚至没有意识。由于机缘巧合，也算是命运安排，当然也与自己的努力分不开，在20世纪80年代我从一名工厂的钳工跃身成为一名电视台记者，当时的工作主要是采编电视新闻，尤以社会各方面的新闻为主，那时是边学边干，为了拍好，除了借鉴国外电视新闻，也积极搜索一些国外摄影方面的图片。所以，在20世纪90年代当专业相机开始向普通摄影爱好者普及，并跃跃欲试唯美摄影题材时，我已经开始将镜头更多地对准了社会。

在从事电视新闻报道工作之余，我常背上相机出去采风，因为天安门的特殊性，所以假日去天安门随意地拍照创作是我最喜欢而惬意的休闲方式，因此留下不少天安门不同年代的影像。从这些影像里我们不仅能看到还能感觉到，随着改革开放，中国从物资匮乏到商品渐渐丰富，大部分国人由贫困到不愁吃穿、精神饱满，乃至充满对未来美好生活的憧憬。

图1拍摄时间为1992年。孩子正上小学，有我这样一个喜欢摄影的父亲，孩子耳濡目染平时就喜欢拿着我的相机比比划划，所以带他一起去天安门并不妨碍我的拍摄，反而能让孩子接触社会并培养他的爱好兴趣。至于孩子的穿戴，

图 1　来华旅游的外国人在天安门前。摄于 1992 年。

图 2　在天安门前拍照留念的人们。摄于 1993 年。

与当时我们家的经济、审美水平及我和妻子对孩子的期待相一致，一顶“海员大檐帽”，配以水手服的上装。我特意为他准备了一架“傻瓜”相机，在熙熙攘攘的天安门广场，看到有好的场景，我拍，他也跟着拍。看到这个场景我对孩子说：“我俩相互拍一张。”于是留下了这样一幅带着社会信息的家庭照片。尽管画面中天安门所占比例很小，而一大群白人旅游者却与天安门相辅相成地象征着一个开放的中国，孩子拿着相机煞有介事地拍照的样子，不无隐喻了城市普通民众生活上的文化追求。

有一首歌叫《天安门前留个影》，在任何地标前留影几乎是每个人都想做的一件事，无论是到此一游还是“收藏世界”，人们内心更多是娱乐的心态，唯有中国人在天安门前的留影被赋予了更多的意义。尽管1993年“傻瓜”相机在中国有一定的普及，但在天安门前为来此旅游的人提供拍照服务似乎还是有做不完的生意。类似图2这样的场景我不记得自己拍下了多少，因为这种看似平淡无奇的影像，如今每每端详起来总是百看不厌。

日本在经济起飞后，日本人也像当今的中国人一样去世界各地旅游。1987年前后，中日关系正在蜜月期，隔海相望的日本人到中国旅游更是像在他们国内旅游一样，花费不多也简便易行，各种名义的旅游团一个接一个。图3正是一个日本旅行团在天安门参观时合影的情景。那时日本人几乎人手一台的“傻瓜”相机，看地上一堆堆的相机，他们要求拍摄者用每个人的相机一一拍下合

图 3　日本旅行团在天安门前合影。摄于 1987 年。

图 4　儿童聚集在天安门广场用粉笔作画表达世界和平。摄于 1987 年。

图 5　骑自行车游天安门的通县农民。摄于 1985 年。

影，这不仅体现了日本人富裕的生活状况，而且日本发达的工业让技术消费的摄影也成了他们日常生活的一部分。

改革开放初期的中国不仅需要具备开放的态度，更要与世界接轨，尤其是在体现进步的文化活动上，如世界和平、生态保护等活动，政府和民间组织都会积极做出响应。图 4 是 1987 年在一个世界和平日活动上，北京市组织少年儿童聚集在天安门广场，每个参与的儿童都用粉笔绘画出一幅表达世界和平的图画。当时的天安门广场还是水泥地砖，烈日炎炎下孩子们伏地而画，右上角那个活动会徽，预示了未来世界和平由他们来实现和维护的美好期待。

20 世纪七八十年代，北京人的三大件中就包括自行车，那时一辆自行车的价钱相对普通人的月工资，还属于奢侈品，即便有钱还不一定能买到，买自行车需要单位分配购车票。1985 年我在天安门邂逅了两位通县（现在通州区）农民，骑着自己用铁管焊的自行车，从通县农村骑行几十公里到天安门参观。他们的穿戴应该是他们想到的最时髦的样子，与旁边迎面走来的一对男女的时尚穿戴形成对比。除此之外，整个画面所记载的信息都能让我们体会出，改革开放的中国一切都处于变化当中，未来充满希望。

我拍摄的共和国四十五周年华诞

庞守义

我长期在地方媒体做记者工作，很少有机会去北京采访，尤其对国家重大政治活动的采访更少。1994 年，在国庆四十五周年的前夕，我有幸争取到一个去北京采访国庆活动的机会。这让我感到很高兴和激动。

十月的北京，天高云淡，金风送爽。一出北京站，就能感受到浓浓的节日氛围，按国家“逢十大庆，逢五小庆”的惯例，当年的庆典活动除了没有阅兵项目之外，其余都是非常隆重的。尤其是 10 月 1 日晚，首都各界群众 10 万人在天安门广场举行的焰火联欢晚会，其盛况仍历历在目。

当天下午，我办完了采访用的证件，经过严格的安检后，进入装扮一新的天安门广场。这里已成了花的世界，人的海洋。广场四周的常青树上彩灯高挂，广场中间“巨龙腾飞”“有凤来仪”“走向世界”“永放光芒”等四座立体花坛气势磅礴，金水河中的五十六组大型喷泉变换着各种水花与五色彩灯交相辉

图 1　天安门广场的花坛和喷泉

图 2　天安门城楼前的庆祝队伍

图 3　天安门城楼前的舞狮队

图 4　天安门广场上的巨龙造型

图 5　人们在天安门广场翩翩起舞。

图 6　灯光辉映下的天安门城楼

图 7　灯光辉映的天安门

图 8　庆祝焰火

图 9　庆祝焰火与喷泉

图 10　作者在天安门前留影。

映，金水桥头的中心舞台上，文艺工作者的精彩表演博得阵阵喝彩。

晚上7时30分，北京市市长李其炎宣布联欢晚会开始。在威武的国旗护卫队和身着色彩鲜艳服饰的五十六个民族青年簇拥下，五星红旗冉冉升起，二十八响礼炮齐鸣，全场高唱国歌。在欢快的庆典声中，早已沸腾了的群众情不自禁地翩翩起舞，工人、农民、高校学子以及机关的工作人员舞起巨龙，摇起花船，狮舞翻腾，情趣盎然。他们以淳朴和奔放，抒发着对美好生活的向往，表达着对共和国生日的祝福。

与此同时，五彩礼花腾空而起，“山花烂漫”“银菊争艳”“锦天绣地”“芳草连天”……礼花一个接着一个在夜空中绽放，把天安门广场映照得姹紫嫣红。探照灯把十六束金色光芒如擎天之柱一样直射苍穹。人们仰望星空，无数张笑脸和礼花交相辉映，欢呼声、赞叹声、掌声，此起彼伏。共和国四十五周年华诞是如此辉煌璀璨，这一幕幕永久地定格在我的脑海中。这也是我四十多年记者生涯中唯一一次在天安门广场采访国庆庆典。

我爱北京天安门

薛振堂

我爱北京天安门！

在我小的时候，就会唱《我爱北京天安门》，从那时候起，我就懂得了北京是伟大祖国的首都，天安门广场是首都北京的心脏，天安门是伟大祖国的象征，是全国各族人民向往的地方。北京天安门在我幼小的心灵里扎下了根，我对北京天安门产生了无限的景仰之情、热爱之情和向往之情。

当上教师以后，经常对学生进行爱国主义教育，讲伟大祖国北京天安门的故事，乃至用自己结婚买的收音机，组织学生们收听来自北京的少先队“小喇叭”节目，让农村的孩子们从小树立远大目标，从小热爱我们的伟大祖国，从小就向往首都北京天安门。

记得，有一年六一儿童节歌咏比赛，我带领孩子们唱的就是《我爱北京天安门》，那质朴的童声，让人们的思绪飞向北京，飞向天安门。

图 1　1993 年 10 月 8 日，作者在天安门广场留影。

图 2　1997 年 11 月 8 日，作者在天安门广场留影。

图 3　1997 年 11 月 8 日，
作者在天安门城楼留影。

1992 年，我担任联合学区少先队总辅导员，怀着一颗火热的心，多次向所辖的十六所中小学领导征求意见，集思广益，及时制订出全乡少先队工作计划。并积极筹建了各级少先队组织，将围绕把学习赖宁、树立良好的校风作为突破口的少先队工作思路，举行了“学赖宁，我为校园争光彩”“爱校守纪做主人”等主题队会，开展了“手拉手”“一帮一”“结对子”，创建“雏鹰中队”等多种健康有益的活动。校校建立了“星星火炬”广播站、红领巾活动室、红领巾图书室，全乡少先队工作呈现出一派生机勃勃的景象。1993 年 10 月，河津县团委组织我们参加了在北戴河团中央培训基地举办的全国少先队辅导员技能培训，我不仅学到许多工作方法和经验，而且有幸结识了团中央少工委的领导以及《辅导员》杂志社的编辑林子云、刘俊友、李沧海，著名少年儿童工作者缪力，还现场聆听了中央电视台少儿节目的主持人鞠萍的讲课，受益匪浅。

培训结束，我们于 10 月 8 日从北戴河返回途径北京。当日下午，我第一次站在向往已久的天安门广场，站在了巍峨宏伟的天安门城楼下。此刻，我是多么的激动，心潮澎湃，热泪盈眶，欣喜若狂。这时的天安门广场，还沉浸在国庆的喜庆氛围之中，偌大的广场，花团锦簇，人山人海，非常壮观美丽。我们用一架“傻瓜”照相机，在天安门前留下了这永久纪念的一张照片（图 1）。夜幕降临，天安门城楼红灯绚丽，我们观看了降国旗仪式。第二天一大早，我们又赶到天安门广场，观看了升旗仪式。

图 4　1998 年 5 月 11 日，作者在天安门城楼留影。

回到单位，我更加努力搞好少先队工作，三年时间，少先队工作逐渐发展壮大，有七个中队荣获市“雏鹰中队”称号，三个中队荣获地级“雏鹰中队”称号，我也连续三年被评为市级“优秀辅导员”。我在《辅导员》杂志发表文章五篇，获奖三篇。1995 年，应邀参加了团中央少工委“少先队系列丛书”之《少

图 5　1999 年 12 月 12 日，作者与友人在天安门广场留影。

先队小百科》《少先队教育工作月历》《国旗下的讲话》等三本书的编辑工作。最让我感到高兴的是，在《国旗下的讲话》一书中，竟然入编了我撰写的六篇文章，并全部获奖。其中一篇，就是写我第一次站在天安门城楼下的故事。当我收到编辑部寄来的样书、获奖证书和稿费时，我激动、我兴奋，辛勤的工作，终于有了丰硕的收获，怎能不让人乐滋滋呢？！

1996 年，我被调到河津市教育局电化教育馆工作。1997 年 1 月 1 日，河津教育电视台开播，我担任了编辑部主任。在干好本职工作的同时，陆续用手中的笔，写下了几十篇农村教育改革的纪实文章，相继在报刊发表，有些还拍摄成电视专题片，在教育电视台播出。

1997 年春，我撰写的《胸中装着农民的教育局长》被国务院体改办、中华全国农民报协会、“走进新世纪丛书”之《中国世纪行》录用，并被评为一等奖。1997 年 11 月 8 日，我应邀参加了在北京人民大会堂云南厅举行的颁奖大会，组委会授予我全国千名改革模范新闻人物采访纪实“一级撰稿人”的光荣称号。颁奖结束后，组委会组织我们登天安门城楼。下午 3 时，当我站在宏伟的天安门城楼，俯瞰天安门广场时，我被眼前的景象所震撼！宽广的广场中央，五星红旗迎风飘扬，人流涌动；人民大会堂、中国革命博物馆、中国历史博物馆、毛主席纪念堂、人民英雄纪念碑、前门楼子，雄壮的建筑尽收眼底。此刻，我激动！此刻，我自豪！我爱北京天安门，我登上了天安门！

图 6　2001 年 12 月 22 日，作者获奖后在天安门广场留影。

图 7　2001 年 12 月 22 日，作者手捧奖杯登上天安门城楼。

1997年至2001年，我被中央党校、国务院体改办改革出版社、中国财经出版社、中华全国农民报协会、“走进新世纪丛书”、《中国明星乡镇》、国务院体改办改革出版社、北京亚联经济研究所、“企业文化丛书”编辑部、《人民日报》“时代潮”特刊编辑部分别聘为特约编委、特约记者、地区工作站负责人。在此期间，我为这些丛书和刊物共撰写了十八篇人物通讯，组织了六个彩色报道版面。分别在1997年11月8日、1998年5月11日、1998年10月24日、1999年5月8日、1999年12月12日、2000年12月16日和2001年12月22日，七次来到首都北京，七次登上天安门城楼，七次登上人民大会堂的领奖台，荣获“一级撰稿人”“明星作者”“最佳明星作者”“十佳明星作者”“改革模范新闻人物”等光荣称号。

首都北京，我心中最向往的地方！在你的怀抱里，我茁壮成长！

我爱北京天安门，站在天门城楼上，我无比荣光！

红墙黄瓦齐发亮

——我心中的天安门

刘邦俭

1956年，我上小学二年级的时候，语文课本里讲天安门“红墙黄瓦齐发亮”。“红墙黄瓦齐发亮”是什么样的？我不知道，也想象不出来，只是模糊地认为，应该是一个非常漂亮神奇的地方。因此，“红墙黄瓦齐发亮”的天安门便住进了我幼小的心房。

随着一年年长大，我对心中的“红墙黄瓦齐发亮”的天安门的认识也逐渐清晰起来：天安门在中国首都北京，红色的高墙，金色的琉璃瓦，金碧辉煌，巍峨壮观。由是，对她的向往越来越强烈。

过了十年，1966年9月13日，正在江苏省淮阴中学读高三的我，与同学们集体乘船到镇江，改乘火车直上北京。9月14日，是我终生难忘的日子。傍晚，火车到达北京永定门车站。下了火车，便有一辆辆大客车来接送。客车在夜晚的马路上行驶着，突然，车上的广播响了：“天安门快要到了！注意，左前方

图 1　作者在天安门前留影。摄于 1966 年。

就是天安门广场！”大家顿时兴奋起来，一齐向车左前方望去。看到了！在夜幕中，我看到了灯火辉煌的天安门广场，但未能一睹天安门真容。于是在第三天，我又跑到天安门广场，好好地瞻仰我朝思暮想的天安门，真是“红墙黄瓦齐发亮”，壮丽辉煌！我激动地请摄影师给我在天安门前留影纪念（图 1）。

2005 年 12 月 16 日，我到北京参加“‘圣中杯·2005’全国老年书画艺术大赛颁奖大会”。距 1966 年第一次到天安门，相隔整整四十年！于是到北京的第一天晚上，我就急不可耐地跑到天安门广场，看到天安门历经几十年的风风雨雨，仍然是“红墙黄瓦齐发亮”！这时，虽已是零下 6 摄氏度的北京冬夜，可我的心里却暖烘烘的。（图 2）

会议结束时，听说天安门城楼已经向游人开放。与我一起参会并在宾馆住同一个房间的江苏新沂的杨老，虽耄耋之年，心中仍一直有到北京看看天安门留个影的心愿。我便陪他到天安门，为他拍照留念，完成夙愿。而我也有机会登上了天安门城楼。在天安门城楼上，凭栏遥望广阔的天安门广场，遥想当年毛主席站在天安门城楼，向全世界宣告中华人民共和国成立的场景，真是心潮澎湃！（图 3）

老伴年轻的时候，就经常爱跳舞蹈《北京的金山上》，唱歌曲《我爱北京天安门》，一直想看看北京，瞻仰天安门。所以，在 2008 年我们花甲之年，一同游览了北京，一起去看天安门，并在天安门前照了合影（图 4）。

图2　时隔四十年，作者又一次在天安门前留影。摄于 2005 年。

我喜欢摄影，经常在电视上看到节日的天安门广场装点得分外漂亮，天安门更加壮丽辉煌。2019 年 5 月，已愈古稀的我，避开五一假期的人流，于 5 月 8 日来到天安门广场。果见广场花团锦簇，天安门金光闪闪，八面红旗飘飘，五星红旗在国旗班战士庄严肃穆地护卫下，迎风飘扬。我终于找好了一个角度，

图 3　作者在天安门城楼上留影。摄于 2005 年。

图 4　作者与妻子在天安门前合影。摄于 2008 年。

图 5　作者拍摄的“红墙黄瓦齐发亮”的天安门。摄于 2019 年。

拍了一张在花团花柱簇拥、遍地鲜花映衬的“红墙黄瓦齐发亮”的天安门（图 5）。

只是还有一点遗憾，就是这次拍的时间是下午，若是上午，光线就更理想了。所以，我准备下次到北京，一定早早赶到天安门广场，拍摄出我心中那更加美丽的“红墙黄瓦齐发亮”的天安门。

一真一幻总关情

孙祺然

说起天安门，就想起我最早见到的那张老照片（图 1），功夫不负有心人，终从亲友处寻得，追忆那段沉淀的时光和家国情怀。

一真照片

讲起我和天安门的故事，那还得从这张老照片说起。

1966 年，我回到沁阳农村居住在爸爸的姑姑家，我叫她老姑，老姑叫孙玉珍，她是有文化、有见识、有毅力的农民，三坊五邻闹点矛盾，都习惯来找她聊聊，评评曲直，她在村里很有威信。老姑父名叫李登喜，为人豁达，仁爱善良。夫妻二人曾在 1937 年为躲避战乱去西安谋生，1955 年返回沁阳。图 2 就是老姑的家庭合影。老姑父李登喜曾在县物资局工作，后到沁阳县化肥厂任

图 1　前排左二为狼牙山五壮士之一宋学义。摄于 1966 年秋。

图 2　20 世纪 50 年代的家庭合影。左一为孙玉珍，右一为李登喜。

物资调配专员，图1是1966年秋天他和沁阳县委委员、狼牙山五壮士之一宋学义，出差期间在天安门广场上的合影。

我初看到这张照片时异常兴奋，其一是真实直观，我以前看到的天安门大都是手绘在传单上的印制品，而动态的影像也只是在放映电影《南征北战》前播放的新闻简报中的纪录片里才能看得到的；其二是亲切，照片中有与我朝夕相处的老姑父，使天安门和我产生了直接的情感连接，他能和天安门及大英雄照相，而我亦与有荣焉。

更主要的是，狼牙山五壮士已家喻户晓，英雄宋学义的义举广为传颂，他和葛振林因跳崖时被树枝挂住而活下来，是幸存的英雄之一，他回家后默默奉献，耕种务农，直到1953年中共北方局寻找到他，在县里召开隆重的表彰大会才闻名天下。

这张与英雄的合影就悬挂在老姑堂屋的墙上，和家里亲人的相框一起排列。记得那时公社干部来村里工作，队里不管饭，实行派饭制，大队书记经常在给老姑家派饭时，说她家有和英雄的合影。一层意思是，这个家庭革命可以放心；另一层意思是，可以看看狼牙山五壮士的英雄形象。来的干部也都会在英雄照片前驻足端详。而四邻五舍、亲朋好友来串门走动的，询问最多的是哪个英雄？

于是，我老姑父在照片上写下了这几个字；狼牙山五壮士前排右二（从读者视角看是前排左二——编者注）宋学义同志。

常常看着这张照片，我也常常发问：我能否去趟天安门照个相？

大人的回答是：不能。

因为当时去北京得需要大队、公社、县革委会三级证明。这更让我对天安门崇拜和神往。

一幻照片

去不了真天安门照相，但可以去县城照个有天安门布景的照片。我记得，那是深秋时节照的照片，但直到来年春节还没有取回来，据说是因为照片没有成像。

有遗憾也有收获。老姑父把他对我的疼爱转化为每次出差都带回来几本小人书，有《地道战》《地雷战》《狼牙山五壮士》《鸡毛信》《半夜鸡叫》《草原英雄小姐妹》等，看着盖有北京新华书店的红色印章，小伙伴们都羡慕不已，纷纷要求借看。

1970 年初夏，父母带着姐姐、弟弟和我三人在焦作市新华街人民照相馆拍下了这张天安门布景的照片（图 3）。这张幻影般的布景照片，也是憧憬美好的希冀。

1999 年，中央电视台“东方时空”采访我时，提出可否有老照片浏览一下，

图 3　姐弟合影。从左至右依次为姐姐、作者、弟弟。摄于 1970 年。

当时我翻出来姐弟三人在天安门的合影，电视台如获至宝。10 月份的国庆节目档片头采用和播放了这张凝聚幸福记忆的老照片。

老照片合影

根据狼牙山五壮士宋学义回忆，1947 年 6 月他因伤离开易县革命根据地，是揣着政府颁发的路条，经过四十多天奔波才回到了家里。我老姑父李登喜讲每次出差，均需持县委的介绍信和全国通用粮票，方能成行。

到 1993 年我带女儿到天安门游玩时，已经没有这么麻烦了，交通便利，通行自如。火车还未到北京，两岁多的女儿便在车厢里喊："我要看到天安门了，我要看到天安门了！"引得无数人投来好奇的目光。我们一家三口在天安门前留下了这张合影（图 4）。

女儿回忆道：

第一次去天安门的时候我还不满三岁，带着一种朝圣的心情，全程充满了不真实的真实感。

可以想象，当天安门三个字都还不认得的我，得知自己要去看天安门的时候，是一种怎样的心情。90 年代初的新闻联播一开头伴随着"当当——

图 4　我们一家人在天安门合影。摄于 1993 年。

图 5　天安门前的全家福

当当——”的主题曲，就是金灿灿的阳光下红彤彤的天安门和国旗。国旗在幼儿园和家属院都能看到，虽然很神圣，但是很常见。天安门就不一样了，既神圣又神秘，你每天都可以在很多地方看到它的样子，听到关于它的故事，但却从来都没有见到过真正的它，真正的它只存在于那个口口传颂的地方——首都北京。

可是它比我想象的还要神圣。

它真的好大！它居然还能上得去人？电视里的天安门没有比国旗大多少啊？这个天安门怎么这么大？作为一个六线小城市土生土长没啥见识的两岁小朋友来说，幼儿园和家属院已经是意识里的最大建筑了，看着眼前这个不知道比自己意识里最大建筑大多少倍的超级建筑，还是小朋友的我的大脑直接“宕机”。以至于接下来的意识里就只剩下：“这么大的建筑居然是全红的！好红，比国旗更红，更厚实，更实在，更大！这要用多少涂料啊？（曾经在画画课上画过天安门，并用掉一根红色水彩笔而心疼不已）真了不起！可以摸一下吗？”所以之后怎么登上的天安门城楼，怎么下来的记忆就很模糊了。

时过境迁，曾经觉得变化最大的就是要好的儿时伙伴已经在北京工作多年了，但是现在我们路过天安门的时候仍然会心动不已，这种心动是扎根于灵魂的，这种心动源自于两岁时天安门给予幼小的我的震撼，源于我

图 6　我们姐弟三人与老照片合影。

们的文化本身，更源于对幸福生活的追求。

2008年奥运会前我到北京工作，天安门是我每天上班必经的地方，那时广场还没有进行管制，傍晚我常在广场信步遐想，小时候在照片里天天看到的天安门，现在天天和自己朝夕相守，常常感慨祖国的变化越来越好。留下纪念，见证时代，只有照片可以传真，啥时间在天安门前能拍一张全家合影是我的念想。

念念不忘，必有回应。

2013年国庆节期间，全家齐聚北京天安门前，我专门放大了姐弟三人的老照片，拍下了这张布景天安门的老照片与真实天安门相遇的全家合影（图5）。

那一天，姐姐乘飞机从西藏旅游回来，弟弟是开车从河南而来，侄儿是乘高铁从天津过来。时代在变，交通也在变，但到天安门去的真情不变。那一刻，当全家拿起1970年老照片合影时，引来了无数相机和手机的聚焦，成为一道风景，瞬间凝聚幸福时刻。（图6）

天安门是梦想开始的地方！

我与天安门的情怀

施顺才

20 世纪 70 年代，小女儿薇薇上小学时，不但成绩优异，而且能歌善舞，被吸纳进南京小红花艺术团，经常演出。一次，阿尔巴尼亚一高级代表团来宁访问，安排“小红花”接待演出，因临时要安排《我爱北京天安门》的舞蹈，排练时间仓促，团队老师下了死命令，要求每一位参加跳舞的队员，回家加班自己练熟，确保第二天演出成功。

晚间薇薇在家对着镜子练跳，总找不到感觉，急得像热锅上的蚂蚁。我就对她说：“这是因为缺少伴奏，我来吹口琴为你伴奏吧！” 她喜出望外，欣然同意，果然效果好，进步快，只是影响了一家人休息，七十多岁的老父亲嘀咕道：“现在丫头不上规矩，晚上不睡觉跳舞，当老子的不管还凑热哄……”我走近老爸床边耐心解释一番，才平息他的怒气。

我感觉薇薇有艺术细胞，就教她拉小提琴，第一首练习曲是《我爱北京天

图1　作者在天安门前留影。
摄于 1958 年。

安门》，她问我怎么特别喜欢这首歌，我就从抽屉里取出影集，指着一张我在天安门前拍的照片（图 1），说起我与天安门的故事：“1958 年，教育部从南京江南光学仪器厂抽调一批技术骨干，赴京支援北京教学仪器厂上马生物显微镜项目，当年首都北京是年轻人向往的地方，也特别羡慕能在天安门拍照的人，大家都以参加援京建设为光荣，以在天安门前照相为骄傲，故争先恐后地报名。全厂共抽调了 180 多人，其中光学车间 32 人，我有幸成为其中一员。11 月 28 日可谓我们参加援京建设者难忘的日子，当天下午我们从下关码头乘轮渡过长江，到浦口火车站乘上开往北京的火车，晚上火车汽笛声响，徐徐起动时，车厢内援京的年轻人沸腾起来，唱呀、跳呀、还有‘再见吧！故乡南京！明天我们就是首都人啦……’的即兴朗诵。虽然我们都是卧铺，但除了个别女生躺下休息外，大多数人兴奋得不想睡，车厢里有打扑克的、有拉二胡的、有聊天的，而我把携带的小提琴拉起来，聚集了一些爱唱歌的人跟着一起欢唱，真是热闹非凡。

“翌日晚间抵达北京后，当接我们的大客车途径天安门广场时，北教厂的接待人员突然喊话：‘南京的朋友们请看右前方就是祖国的心脏，毛主席检阅的天安门啦！’大客车里顿时又沸腾起来，狂喜的心情难以言表，纷纷拥挤到右窗前争看天安门的真容，因晚间行驶，城市亮化又差，仅一眼而过很不过瘾。次日，我们顾不上休息，迫不及待地相约前往天安门玩个够、看个够、纪念照拍个够，当我满足了在天安门拍照的心愿之后，就将这张天安门照片寄给南京的亲戚朋友，以此见证我是首都人了。你奶奶把我这张照片每天放在自己的小皮夹子内，碰到熟人就会张扬一番，炫耀自己的小儿子，引起故乡的亲人与友人无限倾慕。”

薇薇听了我的天安门照片的故事，感觉犹如观看了一部精彩的电影，十分有趣，再三要求我继续讲下去。

无奈，接着我又翻到第二张天安门照片（图 2），继续讲：“1965 年援京结束，因七年前我和你妈援京时均在天安门拍过单身照，七年后离京返宁就选择到天安门拍摄一张全家福以作纪念。在北京七年，每逢‘五一’和‘十一’都一道参加经天安门的游行或在天安门广场排字的活动，特别是 1959 年庆祝国庆十周年时，我与你妈一起参加了天安门的狂欢之夜。那一夜，我们不但玩得十分尽兴，而且亦收获了爱情，狂欢之夜后，我俩从相恋走到喜结良缘，所以在天安门前拍这张全家福很有纪念意义。照片左边是你姨娘抱着一岁多的你，中间是你妈抱着三岁多的你姐，天安门见证了我们从单身到组建家庭，所以我与你妈对天安门有种特殊的情怀哦！”

薇薇听过叙述后，若有所思地说道：“我理解了爸爸对《我爱北京天安门》这首歌的情有独钟，更明白了爸妈与天安门的特殊情怀。”

年轮更迭，尘世变迁。2001 年，是我与当年携手参与援京建设的老伴结

图 2　作者全家在天安门前合影留念。摄于 1965 年。

图 3　作者与妻子、女儿在天安门前合影。摄于 2001 年。

图 4　作者与女儿在天安门前合影。摄于 2019 年 4 月。

图 5　时隔六十一年的天安门前留影。摄于 2019 年 4 月。

婚四十周年，薇薇提了个倡议：来一个旧地重游，陪我们到北京欢度银婚。在秋高气爽的十月，我们三人重返阔别三十六年的北京。

重游北京期间，虽然我们在长城、世界公园等许多新旧景点拍了很多照，但不忘又到天安门前拍了我一生中第三张天安门照片（图3）。在快乐的庆祝银婚的晚宴上，我的姐姐发话：“薇薇小时候就是小红花艺术团的，你出一个节目助助兴吧。”

薇薇答道：“好！当年赶练《我爱北京天安门》舞蹈时，是老爸主动帮我伴奏，确保演出成功，今天我就用儿时的节目来祝贺爸妈的银婚吧。”说完大方地走出座位边舞边唱：“我爱北京天安门，天安门上太阳升……”

今年是新中国成立七十周年，更想再赴北京故地重游，亲睹新时代首都的变化，但苦于旅行社不接纳耄耋老人的旅游申请。好在女儿们理解我对天安门的情怀，她们说：“老爸别歇气，旅行社不带你玩，我们带你赴北京自助游。”说到做到，今年4月就成行。

再次到天安门拍照感慨多多，当两个女儿与我在天安门前合影（图4）后，我又从包里找出1958年援京时拍摄的第一张天安门照片，叫女儿按原来相同位置，我摆出与当年相同的姿势拍了一张间隔六十一年的天安门对比照（图5）。

通过对比，令我感受到新中国七十年的时代进步与文明发展带给百姓的获得感，让我更想高歌《我爱北京天安门》。

我和天安门的故事

李宏波

每次去北京都要和天安门合影，这或许是20世纪70年代出生的人的惯例。去过多少次北京，数一数和天安门的合影就会清清楚楚。除了工作原因之外，有三张照片是我和家人一起去北京的留影。

图1拍摄于2002年7月份，在我和妻子结婚以后的第二年的一次旅行中。我们住在玉泉路附近的一个宾馆，坐地铁1号线，在玉泉路站下车步行十几分钟就到。宾馆是在旅行社工作的表弟帮忙联系的，标价220元的标准间我们按照80元入住，着实让人感叹。早餐就在宾馆门口的早餐店或者地摊解决，以豆腐脑、油条为主。在中国农业大学读研究生的同学带领下，我们去了故宫、天坛、颐和园、圆明园、北大、清华、八达岭、十三陵，当然，也观看了天安门前的升旗仪式。

那时候，北京只有两条地铁线，出行主要坐环线2号线，有很多时候乘公

图 1　作者与妻子在天安门前合影。摄于 2002 年。

图2　作者女儿在天安门前。
摄于 2014 年。

交车比地铁还要方便一些。

旅游的记忆已经模糊，留下的只是快乐的感觉。只记得和自己最爱的人在一起度过了一段快乐的时光。

图 2 拍摄于 2014 年 11 月 1 日。彼时女儿已经七岁，和她同学一家，我们两家同游北京。

看升旗仪式总是要早起的，11 月 1 日凌晨五点多，从西单附近的宾馆出发，到达天安门时仍旧繁星满天。每个月的第一天升旗时国歌是军乐队现场演奏，所以天安门广场上人比以往更多。看完升旗仪式，女儿作为那天的第一位游客登上了天安门城楼。活泼好动的女儿在武警严肃的目光中和庄严的城楼环境下，也变得乖顺，安安静静地参观着。

那年，晚秋正好，银杏恰黄。从故宫出来，景山前街落叶飘零，满地凄清，阳光懒散地照在筒子河上，浓郁的秋意就这样流淌出来。偕妻子与女儿从落叶上走过，脚底碾碎落叶的细碎的咔嚓声，温暖地在心头掠过。住在西单，房间外面胡同交错，黑瓦，黑墙。屋顶上，有杂草已经枯黄，女儿说这像是农村老家。这或许就是北京的魅力，你住在四星级宾馆享受着现代文明的同时，心里却是朴素的乡情弥漫。

同学相聚，川菜的麻辣难以驱散相逢的欢喜。有谁想到，一别竟是十几年。模样未变，眉宇间增添了岁月的痕迹。六七个山东汉子，喧嚣，叹息，兴奋，凝噎。酒入欢肠难以自已。

上一次进圆明园已是十二年前。当年清瘦的银杏已亭亭如盖，满树、满地的秋黄引得女儿欢喜雀跃。西海的水面已大不如前，水面上枯荷憔悴，只是岸边的柳条依旧扶风如昔。当年荷塘的野趣已荡然无存，整齐的荷田，修葺一新的木桥，显得整洁却无意趣。

全家出游，更多的是享受生活的赐予。

图 3 拍摄于 2019 年 1 月 17 日，在天安门对面的马路边，走出地铁口，我们要去国家博物馆参观“改革开放四十周年展览”。此时女儿已经十二岁，这次来北京是我带着女儿参加北京舞蹈学院附中的考试。

参加复试的是来自全国各地的优秀学子，竞争激烈，容不得半点松懈。七年的舞蹈训练使女儿的生活自理能力有了很大的提高。每天都抽考试的间隙加强基本功的训练，累了就去国家图书馆看会儿书。早晨七点进考场，女儿天不亮就起床，活动身体，压脚背，压大胯，然后梳头、盘发，简单吃点早饭就去考场。一场考试持续时间很长，有时候可能会从早晨到晚上。

女儿很累。中间休息的一天，我们去参观国家博物馆的“改革开放四十周年展览”。走出地铁站，阳光明媚，路对面的天安门分外醒目。

“伟大的变革”主题展览震撼人心。我和女儿用了一下午的时间，细细地观看，热烈讨论。女儿说，原来这四十年发生了这么大的变化啊！看了展览，

图 3　作者女儿以天安门为背景的照片。摄于 2019 年。

才知道我们的生活之前是什么样，也更希望我们的生活越来越好，我们的国家越来越强大。的确，四十年弹指一挥间，改革开放的浩荡浪潮，让华夏神州发生了前所未有的历史性变革，取得了举世瞩目的历史性成就，实现了从落后时代到大踏步赶上时代、引领时代的历史性跨越，前所未有地接近实现民族复兴的伟大目标。称之为“伟大”，名副其实。

这次北京之行，有辛苦忙碌，更有收获，也增添了对美好未来的向往。

天安门见证追梦人

王　丁

照片拍摄于2012年1月17日。我陪女友赴北京参加国家公务员招考面试，那天恰逢农历辛卯年的“小年”，我们也笑称小年“走”北京。面试结束后的当天傍晚，我们来到向往已久的天安门，并请过路行人拍下了这张照片。

不观天安门，不算到北京。从小唱着《我爱北京天安门》长大，天安门已经深深融入我们的感情与记忆。面试后，我们计划借机游玩一番，在北京的最后一站选在了天安门，打算参观天安门广场，观看降旗仪式。出乎意料的是，赶到天安门广场时，国旗杆周围已经里三层外三层地站满了人，我们只好退回一段距离，欣赏周边景色。从照片可以看出，那时的北京天色泛青，天安门城楼和金水桥的夜灯亮起，“中华人民共和国万岁”“世界人民大团结万岁”的标语十分醒目。不远处人民大会堂、人民英雄纪念碑、毛主席纪念堂、国家博物馆依次排开，历史厚重感与现代文艺感交相辉映、扑面而来。我们有着“风

作者与女友在天安门前合影。摄于 2012 年 1 月。

吹浪打我自闲”的“小确幸”，也为天安门周边的雄美壮阔所折服，圆了心中一份关于天安门的期盼。

我们相恋于2009年，是典型的“校园爱情”。校园爱情真挚美好，却也单纯青涩。照片拍摄时，我已毕业半年，她也临近毕业，我们感受着来自毕业与就业、工作与家庭的不同压力，感情也进入从恋爱到婚姻的磨合期，不免面临一些困难。然而北京一行，我们一起走进北大和清华，游览故宫和恭王府，漫步什刹海，驻足王府井，时间虽短，“京味儿”却足，一路有说有笑。记得在清华园，有学生身着学士服拍照留念，1月不是传统毕业季，我以为对方是游客，还主动上前询问哪里能租到衣服，不料对方白眼相对“我们是冬季毕业生”，好生尴尬，惹得女友哈哈大笑，时至今日记忆犹新。正是在这样相处的过程中，两个人感情基础更稳，一起走下去的信心也愈发坚定。照片中两人的笑容源自真心，毫不伪饰。

有人说，最长久的婚姻是两个人志同道合。我们一路走来的过程，也是两个志同道合之人共同奋进的过程。照片拍摄前后的几年时间里，我们求学求职，走北京、过广州、进深圳，可谓为了梦想“走南闯北”。两人一起品尝收获喜悦，也得到成长教训；领略异地风情，也受过冷落欺侮。但是无论何种境遇，我们本着对美好生活的向往，互相督促鼓励，共同拼搏努力，最终走到今天。北京面试的结果差强人意，我们也积极乐观面对，只为过程鼓劲，不以结果为意。可以说，两个人都是幸福路上的“追梦人”，这张照片正是这个过程的生动记录。

时间总在不经意间给人特别的启示。2012 年 1 月到 2019 年 1 月的七年时光里，不能说尝尽人间百味，却也体会了酸辣苦甜，庆幸两人初心不改、奋斗不息、甜蜜如初，盼望未来更多的日子一起度过和感受。

2012 年 1 月 17 日的北京天安门，天微凉，人如潮，情难忘。

我们和天安门

孙建萍

“我爱北京天安门，天安门上太阳升，伟大领袖毛主席指引我们向前进”。这是七〇后的我唱着长大的一首歌，也是五音不全的我能在调上且任何时候都不忘词的一首歌。

一年级的语文书，封面就是北京天安门。神圣的国徽、庄严的国旗、敬爱的毛主席，在我七岁的心里显得有点神秘，却又充满向往和憧憬。自己也常在本子上画天安门，工整地在两边写上“中华人民共和国万岁”“世界人民大团结万岁”的红字。

那时我们整个班级的同学们没有一个去过北京的，也没有一个见过天安门的。我清晰地记着，每当我考试得满分时，奶奶都会说“俺孙女有出息，长大了能去北京”。也记得三年级时，舅舅出差去北京，回来带给我一个两寸来长的粉色塑料照相机。左手拿着小相机，右手按着黑按键，把一只眼睛凑上去，

图 1　作者与儿子在天安门广场。

天安门、人民英雄纪念碑、故宫博物馆、长城等画面就开始循环播放。这个小相机，还有里面的图片，连同舅舅描绘的天安门广场，让我在同学们面前牛气了好一段时间。感觉出差的不是舅舅，而是我亲自去了北京，见到了天安门。

儿子小的时候，我也教会了他唱《我爱北京天安门》。那时儿子仰着小脸问我："妈妈，天安门城楼大吗？""大呀，有 4800 平方米呢""那比我们幼儿园还大吗？"

2016 年，儿子中考成绩不错。为了激励他更好地学习，第一时间我便想到了带他去北京。儿子非常高兴，而我也像在圆一个曾经的梦。

因为第一次来北京，首站先到长安街。来到天安门广场，巍峨的人民英雄纪念碑庄严肃穆，像是一把利剑直插云霄，更像一位巨人顶天立地。站在碑前心里有一种情愫悄然升起，那是我们中国人腰杆硬的自豪感在升华呀！距纪念碑的北面几米处，一帮一帮的游客在忙着拍照。原来这里是拍天安门全景的最佳位置，我与儿子等待了几队团体拍照后，也以天安门为背景照了一张有意义的合影。

瞻仰完了人民英雄纪念碑，拍完照片，我与儿子来到久已仰慕的天安门城楼前。中国红的城墙、五阙券门、敬爱的毛主席像、五星红旗迎风飘扬，和在书上看到的图片一样一样的。站在从儿时就神往的圣地前，心情还是挺激动的。表情略显严肃的儿子，久久地望着天安门城楼，从他深切的眼神里，我分明读

图 2　作者的儿子在天安门前留影。

懂了一点什么。趁机我把天安门前有点小心思的儿子拍摄进了相机里。就在我和儿子忙着拍照时，突然发现我们随身带的小背包不见了。一通手忙脚乱，儿子记起是落在英雄纪念碑那里了。细心的儿子叮嘱我守候在天安门前，他回去找背包。望着儿子快速跑去的背影，心头忽然一紧，就想起了十几年前……

外甥初中一年级时，跟随英语夏令营参加“游北京·观升旗”活动，那是他第一次进北京。明天就要看到升旗了，兴奋的外甥愣是一宿没合眼。凌晨两点，在老师的带领下来到天安门前观看升国旗仪式。外甥说，那是一个最难忘的早上，在激昂深情的国歌声中看国旗冉冉升起，一轮红日出东方时，他的小心脏简直跳到了嗓子眼儿。

观礼完毕，老师组织他们进故宫博物馆游玩。外甥说，他们从天安门中间门洞穿过时，便想起了老师讲的在古代这是皇帝才能走的御道，普通人根本不能靠近，他还真庆幸自己生在当下。可在故宫里游玩时，外甥的困劲却上来了，迷迷糊糊地就脱离了老师和同学们，也记不起老师讲好的集合地点了。外甥在故宫里步行了一小时后，隐隐意识到方向可能错了，便又朝另一个方向走去，可不管怎么走就是找不到他进故宫时的路。可他心里却一点都不害怕，因为他心里想着天安门就是最安全的坐标。只要回到天安门前，就能和老师们会齐。后来老师发现少了一名同学，就赶紧与故宫警务人员联系，在多个广播站滚动播放寻找外甥的消息。最后，在大家的帮助下，老师找到了外甥，外甥也回归了他的夏令营团队。

“妈妈，你看咱的包好好的，原模原样啥也没丢”，儿子的一声喊，让我瞬间清醒，随即紧紧地抱住了儿子。儿子一脸的诧异，听我讲完这段故事，他哈哈大笑说我的担心真是多余，再也没有比天安门更安全的地方了。随后我和儿子在北京愉快地游玩了四天。

如今，外甥已是中国传媒大学的研究生，曾经走丢又找到老师的经历，像在他心里埋下了一颗深情的种子，这颗种子催他奋进、催他进取，这颗种子也是他考进北京的动力源。学习之余他常与同伴在长安街散步，恰同学少年意气风发。“少年强则中国强”，这帮学子就是国之栋梁、国之未来，我们国家日渐强大必定“雄于地球”。

有时看着我们在天安门前的留影，想想读研的外甥，《我爱北京天安门》的曲子情不自禁就唱响在嘴边，它记录了我们和天安门的故事，把我们对天安门的深厚感情定格在了一瞬间，有着别样的意义，它时常激励着我们勤奋学习努力工作，做好一个堂堂正正的中国人！

天安门：收藏在心

程　蕾

天安门，离我很远，也很近，远是距离，近是在心。

遥望天安门

我从小住在位于小兴安岭腹地，号称“红松故乡”的伊春市，这里是世界上面积最大的林业城市，是我国重要的木材生产基地，而我所生活的五营区则又因有着以保护红松为主要目的丰林国家级自然保护区而小有名气。虽然地处高寒地带，但这里真的美不胜收，夏季连绵不断的大山醉人的绿让人仿佛置身童话森林，而冬天在严寒中银装素裹的大森林又如新娘的婚纱般纯洁无瑕！

孩提时代，我都是在这样的环境中生活的，听我的父母说，五营区这个地方原本没有人，是解放后因为有部队五营驻扎在此而得名。我的父母都是跟随

图 1　1983 年春，爸爸抱着我拍摄的照片。

长辈举家搬迁过来支援林区建设的新移民。

小时候，我经常跟我的两个表哥一起听姥姥讲他们那个年代悲欢离合的故事。那时已七十多岁的姥姥经常念叨：最大的愿望就是能去北京看看天安门！也许是从那个时候起，一千七百公里外的“北京天安门”就在我的脑海里深深扎了根。

图 1 是 1983 年春天，爸爸带我到大姨家玩，姨夫当时要开区里的第一家照相馆，爸爸叫来正在跟小伙伴玩耍的我，抱着我照了这张照片。孩童的我第一次对于摄影有了懵懂的认识，我手里拿着刚刚采摘的野花，但心思已经跟着小伙伴们跑远了！这张照片当时是在五营区的三角线拍摄的，是区里一个人口比较集中的生活区，这里距离最近的林场开车也要半个小时，如今已经建成了居民住宅区。

相约天安门

我的爸爸是个爱看书、爱钻研的人，也非常重视我们姐妹的教育，在当时当地师资不是很完善的情况下，我们姐妹无论想学什么，爸爸都会先自己买书学习然后教给我们，我印象里记得我学过二胡、电子琴、围棋、象棋、军棋、书法、绘画等，我和妹妹是同龄人当中拥有课外读物最多的孩子。爸爸名义上

图 2　1992 年夏，十四岁的我第一次见到天安门。

是当地木制品厂的工会干事，但事实是厂子里的工程师，无论什么时间，厂里的机器坏了，都是爸爸赶到抢修，还带头发明了松子去壳机等。

由于爸爸、大伯、姑姑都是当地几个单位的文艺骨干，每逢正月十五看花灯，我都是在找哪个是爸爸做的，哪个是大伯做的，哪个是姑姑做的。不可避免地，我受到了长辈们的影响，也非常喜爱画画，并且立志想做一名老师。

1988 年，我家里买了第一台电视机，我更清楚地知道了天安门的样子，开始拿着蜡笔描绘。1991 年，爸爸要去北京学习，我们全家都非常兴奋，爸爸考虑了很久，最终只能带十岁的妹妹同行。他们回来时带回了好多北京的照片，当妹妹哼着那首“我爱北京天安门，天安门上太阳升”的歌曲以及她绘声绘色地讲着北京的所见所闻时，我羡慕极了，心情又兴奋又失落，兴奋的是仿佛天安门曾经离我那么近，妹妹亲眼看见了它，失落的是我不知道自己什么时候有机会去北京看天安门，爸爸妈妈发现了我的小心思，鼓励我说：“等明年暑假，你考到前三名，就带你去北京，看天安门，看升国旗。”

1992 年，初二的暑假，是我最快乐的一个夏天，不仅考得了一个好成绩，也如愿跟着妈妈从东北坐火车辗转一天一夜来到了每天在电视上才能看到的大北京，见到了庄严的天安门！当我站在天安门广场听到国歌响起，看到国旗升起来的瞬间，一种心潮澎湃的激动油然而生，我想每一个在天安门观看升旗仪式的人都会有这样的激动吧！这是作为炎黄子孙的骄傲和自豪！正是这一次的

图 3　2007 年，我和同事们手拿国旗摆出心形。

震撼给予我无穷的力量，让我在未来的学习生活中有了更加明确的学习目标和深厚的爱国情怀！

2000年，师范毕业后我顺利地到当地的一所中学任教，同学们亲切地称呼我“美术老师”，在开设的第二课堂里，我教学生们画的最多的也是“北京天安门”。

追梦天安门

2004年，我辞去了美术教师的工作来到了向往的北京，加入了刚刚筹建的某银行北京信用卡中心。做为培训老师的我第一天上班，就被公司墙上张贴的各种天安门照片深深地吸引了，照片上展现出来的积极乐观的精神感染了我，坚定了我融入这个团队的信心。我也在每天的培训讲解中越来越了解团队的文化，理解了团队天安门情感的由来。天安门，从此与我近在咫尺！每当路过天安门，我都会生出第一次观看升国旗时的感动，这种激情激励着我努力学习、勤奋工作，让我在团队中收获了许多友谊和成长。

团队就是我们这些北漂人的“家”，天安门就是我们奋发向上的力量源头，快乐相聚时在天安门定格幸福，同事离别时在天安门合影留念，获得嘉奖时在天安门留影鼓励！不知不觉，十几年过去了，由于工作和生活的关系，收藏天

图 4　2010 年夏，送别刘文静，我们在天安门广场合影前补妆。

图 5　2011 年，我与朱晓蕾在天安门放飞梦想。

安门的照片已成为我的习惯，我与天安门的不解之缘也越来越深了。

国旗则是我们天安门合影的一个最重要的标志，无论团队走到哪里，国旗始终相伴。在天安门，你若是看见一群手持国旗，呐喊着“以爱尽责、传播价值”，快乐而激情的人，就一定是我们！天安门不知不觉成为团队每个人的精神信仰，当我们在天安门前展开鲜艳的五星红旗时，那洋溢的幸福都被定格下来，在以后的岁月里激励着我们不断前行。

每一幅天安门照片都有着一个快乐幸福的故事，再次翻开，依然有撼动人心的感动和美好！2010 年夏，同事刘文静要调到外地工作了，同事们相约天安门合影留念，摆拍之前，女孩子们要求补补妆，于是大家纷纷拿出各自的镜子修补妆容，同事悄悄拿起相机记录了这美丽的时刻。

2011 年，相聚天安门，我和同事朱晓蕾在天安门广场挥舞丝巾，丝巾迎风飞扬，同事抓拍下这个瞬间，得以永恒！飘扬的丝巾仿佛飞翔的翅膀，一路带给我向上的力量！从小兴安岭的大山深处飞到首都北京，圆梦天安门！

多年以来，依然习惯到天安门走走看看，梦想的情怀激励着我们一路自律自强，和平年代，爱工作就是爱家，爱家就是爱国！

在我们单位的走廊墙上，那各种各样、五彩绚丽的天安门合影，也演变成了历史的记录，彰显着岁月的痕迹！时代在进步，不变的则是天安门赋予我们的积极、乐观、不屈不饶的奋斗情怀！

图书在版编目（CIP）数据

我爱北京天安门：我和天安门的故事 /《老照片》编辑部编. —济南：山东画报出版社，2019.8

ISBN 978-7-5474-3217-4

Ⅰ.①我… Ⅱ.①老… Ⅲ.①中国历史—现代史—摄影集 Ⅳ.①K270.6-64

中国版本图书馆CIP数据核字（2019）第131953号

我爱北京天安门——我和天安门的故事

《老照片》编辑部 编

责任编辑 冯克力 赵祥斌

装帧设计 王 芳

出 版 人 李文波

主管单位 山东出版传媒股份有限公司

出版发行 山东画报出版社

社 址 济南市市中区英雄山路189号B座 邮编 250002

电 话 总编室（0531）82098472

市场部（0531）82098479 82098476（传真）

网 址 http://www.hbcbs.com.cn

电子信箱 hbcb@sdpress.com.cn

印 刷 山东临沂新华印刷物流集团有限责任公司

规 格 230毫米×185毫米 1/16

19印张 129幅图 120千字

版 次 2019年8月第1版

印 次 2019年8月第1次印刷

书 号 ISBN 978-7-5474-3217-4

定 价 98.00元

视觉中国供图